include MyDesk

Per accedere a MyDesk vai su

www.alphatest.it/tu25295

e segui le istruzioni

Cos'è MyDesk e cosa ti offre?

MyDesk è l'esclusivo sistema di e-learning adottato anche in tutti i corsi di preparazione Alpha Test. Acquistando questo volume, hai diritto ad accedere a MyDesk usufruendo di contenuti supplementari utili per la preparazione al tuo concorso.

A tua disposizione trovi:

- **Simulazioni** d'esame
- **Esercitazioni** mirate
- **Tutorial** su test e preparazione all'esame

L'abbinamento di MyDesk al libro ti consente di potenziare lo studio, l'esercizio e la verifica della preparazione offrendoti maggiori possibilità di successo nella selezione.

TESTUNIVERSITARI

Alpha Test
MEDICINA
Prove di verifica

edizioni
Alpha Test

Via Mercalli, 14 – 20122 – Milano (Italy)
Tel. 02 5845981 – fax 02 58459896
servizi@alphatest.it
www.alphatest.it

ISBN: 9788848325295

Sedicesima edizione: ottobre 2022
Prima edizione: maggio 1998

Stampato da L.E.G.O. S.p.A. Lavis (TN)
per conto di Alpha Test S.r.l.
nell'ottobre 2022

Indice

Prefazione

Per gli studenti italiani (ma anche stranieri che vogliono studiare in Italia) l'iscrizione all'università è ormai da parecchi anni subordinata al superamento di una prova di **selezione** (o talvolta di valutazione), che ha lo scopo di verificare se e in quale misura le aspiranti matricole abbiano le potenzialità di frequentare con profitto il corso di laurea prescelto.

Attualmente, in Italia – sia nelle più importanti università private sia negli atenei statali – quasi tutti i corsi di laurea magistrale a ciclo unico (**Medicina e Chirurgia**, **Odontoiatria e Protesi dentaria**, **Medicina Veterinaria**, Scienze della Formazione primaria, Farmacia, Architettura, Giurisprudenza ecc.) e molti corsi di laurea triennale (in particolare quelle **sanitarie**) sono caratterizzati dalla presenza del **numero programmato** a livello nazionale o locale. Il numero di iscritti al primo anno di questi corsi non può quindi superare il limite di posti stabilito dal Ministero o dai singoli atenei.

La selezione tra i candidati che desiderano accedere a un corso universitario a numero programmato viene effettuata quasi ovunque mediante una **prova a test**, composta da domande a risposta multipla: si valutano in tal modo le conoscenze e le attitudini degli studenti. Il test viene predisposto, a seconda dei casi, o su indicazioni del ministero dell'Università e della Ricerca (come, per esempio, per le prove nazionali di accesso ai corsi di Medicina/Odontoiatria e Veterinaria) o dalle singole università o da consorzi interuniversitari (quali il CISIA o il CINECA). Il risultato ottenuto nel test determina il **punteggio** con il quale lo studente entra nella **graduatoria dei candidati**; è sulla base di questa graduatoria che vengono infine attribuiti i posti a disposizione.

Solo in pochi corsi a numero chiuso locale, a definire la posizione nella graduatoria finale contribuiscono anche i voti conseguiti negli ultimi anni di scuola superiore o il voto dell'Esame di Stato, ma con peso minore (se non minimo) rispetto al punteggio del test.

La normativa attuale impone ormai che – anche per i corsi di laurea ad accesso libero – siano attivate in ingresso **prove valutative** e/o di **orientamento**, di solito a test; lo scopo di tali prove è rilevare se la preparazione iniziale dello studente corrisponde a quella ritenuta necessaria per frequentare con successo un dato corso (talvolta essa viene indicata con la formula "saperi minimi"). La valutazione non ha lo scopo di precludere l'iscrizione ma, in caso di mancato raggiungimento della soglia stabilita, attribuisce alcuni **obblighi formativi aggiuntivi** (OFA) che la matricola dovrà assolvere entro il primo semestre o il primo anno di corso, dimostrando di aver colmato le lacune evidenziate. In taluni casi, gli OFA vanno saldati prima di potere affrontare gli esami del primo anno di corso. Può darsi il caso che lo studente – prendendo atto di un esito insufficiente della prova – decida spontaneamente di rivedere la propria scelta di studi.

Dunque, anche chi intende frequentare un corso universitario ad accesso libero deve affrontare una prova prima dell'immatricolazione; ciò impone agli studenti seriamente motivati di prepararsi in modo adeguato per iniziare senza debiti formativi il proprio percorso di studio.

Alpha Test è la più importante organizzazione in Italia che, per prima e da oltre 30 anni, offre agli studenti strumenti e percorsi specifici per affrontare con successo i diversi test di valutazione o di selezione. A questo scopo pubblica la **collana TestUniversitari**, composta da oltre ottanta tra manuali ed eserciziari, differenziati per ogni area di studio (tutte le informazioni su alphatest.it/Libri-Alpha-Test).

In particolare, **questo libro** è dedicato a chi deve preparare i test di ammissione alle lauree magistrali a ciclo unico di **Medicina e Chirurgia** (LM-41), **Odontoiatria e Protesi dentaria** (LM-46) e **Medicina Veterinaria** (LM-42).

L'acquisto di un volume della collana TestUniversitari consente di accedere a **MyDesk**, l'esclusiva piattaforma online sviluppata da Alpha Test, con materiali di studio aggiuntivi (videolezioni, tutorial dei docenti, informazioni aggiornate ecc.) e un avanzato **sistema di simulazione** per svolgere esercitazioni per materia o prove simulate secondo tempi e modalità dell'esame ufficiale.

Per **accedere a MyDesk** è sufficiente seguire le istruzioni che si trovano nella seconda pagina di questo volume.

Alpha Test – attiva su tutto il territorio nazionale, con sedi nelle principali città universitarie – si avvale della collaborazione di un corpo docente di grande esperienza, organizzando **corsi specifici di preparazione** di diversa durata, in presenza oppure online (tutte le informazioni su alphatest.it/Corsi).
Un altro utile strumento per gli studenti è **Alpha Test Academy**: una piattaforma online di assistenza personalizzata allo studio, che guida lo studente in un programma graduale di esercitazioni, fino al raggiungimento di una completa preparazione al test.

Ringraziamenti

Per i preziosi contributi forniti nella fase di realizzazione di questo volume, l'Editore desidera ringraziare il corpo docente Alpha Test e, in particolare, Stefania Provasi, Veronica Facchin, Massimo Mannitti.

Alpha Test ringrazia i lettori, i partecipanti ai corsi e i collaboratori che, con i loro interventi, suggerimenti e in particolare con i giudizi ogni anno forniti al termine dei corsi, hanno contribuito a migliorare nel tempo la qualità dei volumi e dei servizi offerti.

Natura del test e caratteristiche di questo libro

NATURA DEL TEST

Le **prove di selezione** che i lettori di questo volume si preparano ad affrontare sono **regolate a livello nazionale** direttamente dal ministero dell'Università. In base al **fabbisogno** stabilito in accordo con il ministero della Salute, il ministero dell'Università e della Ricerca (MUR) ogni anno determina il numero di posti a bando – per ciascuna delle classi di laurea – sul territorio nazionale e li ripartisce tra tutti gli atenei (statali e privati) che attivano i relativi corsi, in proporzione anche alle disponibilità comunicate da ogni sede universitaria.

Nella tabella seguente sono riportati i dati relativi ai test degli ultimi anni, con il numero di posti messi a bando, nelle sole **università statali**, in totale e rispettivamente per i corsi di Medicina e quelli di Odontoiatria. Nell'ultima colonna si legge il rapporto tra candidati iscritti al test e posti complessivi.

Medicina e Odontoiatria					
Anno	**Posti Medicina**	**Posti Odontoiatria**	**Posti totali**	**Candidati**	**Rapporto**
2019	10.117	1.030	11.147	68.694	6.1
2020	11.259	1.103	12.362	66.638	5,3
2021	12.003	1.125	13.128	63.972	4,9
2022	12.026	1.126	13.152	65.378	4.9

Sempre il MUR stabilisce le modalità di svolgimento del test (data della prova, durata ecc.), la sua composizione (discipline previste, numero di quesiti in totale e per materia) e i programmi d'esame.

DALL'A.A. 2023/2024: TOLC-MED E TOLC-VET

Con il decreto ministeriale n. **1107 del 24 settembre 2022**, il MUR ha radicalmente modificato modalità, tempi e struttura delle prove selettive per l'accesso sia a Medicina e Chirurgia e Odontoiatria e Protesi dentaria sia a Medicina Veterinaria. I cambiamenti sono molti e significativi.

1 Nuova organizzazione e struttura delle prove ministeriali

Il decreto archivia la prova unica nazionale – che si svolgeva in tutta Italia in una stessa data, con quesiti uguali per tutti i candidati – per sostituirla con test del tipo TOLC (Test Online CISIA). Il CISIA è un consorzio interuniversitario che negli ultimi anni ha sviluppato un catalogo di test, pesati e differenziati per l'ammissione ai corsi di laurea in diverse aree di studio (Ingegneria, Economia, Scienze umane, Psicologia ecc.). Ogni TOLC si articola in **Sezioni** (comprensione verbale, logica, quesiti disciplinari quali biologia, matematica ecc.) e ogni sezione propone un numero prestabilito di quesiti a risposta multipla (con 5 alternative) da svolgere entro un tempo prefissato per ogni sezione. Ogni **prova è diversa** dall'altra, costruita con quesiti diversi (estratti da ampi database) che sono però tra loro equipollenti, in modo tale che tutti i questionari di uno stesso tipo di TOLC abbiano **pari livello di difficoltà**.

Il Ministero ha dunque incaricato il CISIA perché appronti un **TOLC** specifico per l'ammissione a **Medicina e Odontoiatria** e uno specifico per l'ammissione a **Veterinaria**.

2 Nuove procedure di selezione

Il decreto supera anche l'impostazione tradizionale della prova di selezione che si può svolgere una volta sola e in contemporanea con tutti i candidati. Le novità si riassumono nelle parole **anticipo** e **ripetibilità**.

- Possono svolgere il TOLC-MED e il TOLC-VET, anche prima del diploma, i candidati iscritti al **quarto** e **quinto anno** di scuola secondaria di secondo grado, oltre naturalmente a chi ha già un diploma.

- In luogo della consueta data unica nazionale, a inizio settembre, si possono svolgere il TOLC-MED e il TOLC-VET in **due sessioni per ogni anno solare**. Nel **2023** queste sessioni sono previste in **aprile** e **luglio**. Per consentire la partecipazione di tutti i candidati, ogni sessione avrà un arco temporale di più giornate, con tre turni di erogazione in ogni giornata. Le date delle due sessioni vengono definite ogni anno con un decreto.
- Ogni candidato può svolgere, per **ogni anno solare**, **2 prove** per ogni tipo di TOLC. È possibile svolgere **un solo TOLC-MED e un solo TOLC-VET per sessione**: non è consentito cioè giocarsi entrambe le prove dell'anno nella stessa sessione.
- La prova cartacea è sostituita da un **test computer based** da svolgere, **in presenza**, presso le postazioni informatiche dedicate nelle varie sedi universitarie: quindi il bando non consente lo svolgimento da casa. A ogni sessione, i candidati devono **iscriversi al TOLC** di interesse (MED o VET, o anche entrambi) attraverso il sito del CISIA. Durante la procedura di iscrizione si può scegliere, tra le sedi indicate come disponibili, quella dove si intende svolgere la prova.
- La ripetibilità del test consente a ogni candidato di scegliere con quale punteggio inserirsi nella graduatoria finale per l'anno accademico di interesse. Per esempio, per immatricolarsi nell'a.a. 2023/2024 sarà possibile utilizzare il **migliore punteggio** ottenuto nelle due sessioni dell'**anno solare 2023**. Per immatricolarsi nell'a.a. 2024/2025 sarà invece possibile presentare il migliore punteggio conseguito con le prove svolte nelle quattro sessioni dei **due anni solari 2023 e 2024**.
- Solo chi ha **svolto** almeno un TOLC-MED o un TOLC-VET può presentare istanza di **inserimento nella graduatoria** di merito corrispondente, compilando la domanda sul portale **Universitaly**. Anche in questo caso, scadenze e modalità sono definite ogni anno per decreto del MUR.
  Attenzione, dunque: avere svolto uno o più TOLC non implica di per sé l'inserimento in alcuna graduatoria. Per risultare in graduatoria è necessario fare la specifica iscrizione.

3 Struttura del TOLC-MED e del TOLC-VET, valutazione della prova e graduatorie

Il TOLC-MED per l'accesso ai corsi di **Medicina** e **Chirurgia** e di **Odontoiatria e Protesi dentaria** per l'a.a. 2023/2024 sarà articolato in **50 quesiti** a risposta multipla con **5 alternative** di cui una sola esatta.

I quesiti saranno ripartiti in quattro sezioni:

• Comprensione del testo e conoscenze acquisite negli studi	**7 quesiti** da svolgere in **15 minuti**
• Biologia	**15 quesiti** da svolgere in **25 minuti**
• Chimica e Fisica	**15 quesiti** da svolgere in **25 minuti**
• Matematica e Ragionamento	**13 quesiti** da svolgere in **25 minuti**
• **Totale**	**50 quesiti** da svolgere in **90 minuti**

Anche il TOLC-VET per l'accesso a **Medicina Veterinaria** per l'a.a. 2023/2024 sarà composto da **50 quesiti** a risposta multipla (con **5 opzioni**, di cui una sola esatta). I quesiti saranno così ripartiti in quattro sezioni:

• Comprensione del testo e conoscenze acquisite negli studi	**7 quesiti** da svolgere in **15 minuti**
• Biologia	**12 quesiti** da svolgere in **20 minuti**
• Chimica e Fisica	**18 quesiti** da svolgere in **30 minuti**
• Matematica e Ragionamento	**13 quesiti** da svolgere in **25 minuti**
• **Totale**	**50 quesiti** da svolgere in **90 minuti**

La **distribuzione obbligata dei tempi di svolgimento** è quindi una importante novità rispetto alle precedenti regole in uso. A ogni sezione infatti è attribuito un certo minutaggio che non può essere utilizzato per risolvere i quesiti di altre sezioni.

Nella correzione dei TOLC sia di Medicina e Odontoiatria sia di Veterinaria, verranno assegnati i seguenti valori: **1 punto** per ogni risposta esatta; una penalità pari a **–0,25 punti** per ogni risposta errata e **0 punti** per ogni risposta omessa.

Il punteggio così ottenuto è detto punteggio "non equalizzato" e verrà sommato a un coefficiente di equalizzazione: si tratta di un numero (ricavato con procedimenti statistici) che tiene conto delle difficoltà misurate dei singoli quesiti di ciascuna prova e rende *equa* la comparazione tra tutte le prove sostenute, anche se composte da quesiti diversi e svolte in momenti diversi. Il punteggio risultante è il **punteggio equalizzato** che il candidato potrà utilizzare per l'inserimento in graduatoria.

Terminato il proprio TOLC, il candidato troverà nella sua area riservata sul portale CISIA i dati relativi alla prova svolta: numero identificativo univoco del questionario; numero risposte esatte, errate, omesse; indicazione della data in cui sarà disponibile l'attestato con il punteggio equalizzato (entro 15 giorni).

Un punteggio equalizzato inferiore alla **soglia minima di 10 punti** è considerato **non idoneo** e non consente al candidato di inserirsi con esso in graduatoria.

- Per quanto riguarda **Medicina e Odontoiatria**, i punteggi presentati dai candidati daranno origine a un'**unica graduatoria nazionale.** In base alla posizione ottenuta da ciascun candidato in graduatoria e all'ordine delle preferenze – per sede e per corso – che avrà indicato, verranno assegnati i posti disponibili. I candidati infatti, nell'istanza di inserimento in graduatoria, indicano in successione le proprie preferenze relativamente agli atenei e alla classe di laurea di interesse. Non c'è limite alle preferenze che si possono esprimere ed è consentito elencare, in ordine di gradimento, anche tutte le combinazioni tra sede e corsi di laurea attivi (per esempio: Milano Bicocca Medicina; Milano Università degli Studi Medicina; Milano Università degli Studi Odontoiatria ecc., fino a esaurire tutti gli abbinamenti).
- Anche la selezione per **Veterinaria** dà origine a un'**unica graduatoria nazionale**. In base al punteggio presentato dal candidato e all'ordine delle preferenze espresse in fase di iscrizione , sono assegnati i posti disponibili.

> È sempre possibile reperire **informazioni** e **aggiornamenti** su scadenze e procedure dei TOLC-MED e TOLC-VET sul sito alphatest.it.
> Si possono inoltre scaricare i **decreti relativi** a queste selezioni all'indirizzo: **alphatest.it/Test-di-ammissione** nella sezione "Bandi, posti disponibili, decreti".

IMAT

Accanto ai corsi tradizionali in lingua italiana, ormai da oltre un decennio sono stati introdotti, in alcuni atenei, corsi di laurea condotti in **lingua inglese** sia per **Medicina** sia per **Odontoiatria**. La relativa prova di ammissione è **unica** per i due corsi di laurea, con produzione di una **graduatoria unica** nazionale: anche la data di svolgimento è unica e, in Italia, si svolge ovunque alla medesima ora. Nel 2022 sono state attivate alcune sedi estere (sia in Europa sia in altri continenti) per consentire la partecipazione al test anche a studenti stranieri o italiani residenti all'estero. In Italia, si poteva sostenere l'esame ad Ancona, Bari, Bologna, Messina, Milano Università degli Studi, Milano Bicocca, Napoli Federico II, Napoli Vanvitelli, Parma, Pavia, Padova, Roma La Sapienza, Roma Tor Vergata, Siena, Torino.

La prova, denominata **IMAT** (*International Medical Admissions Test*), è stata predisposta dal ministero dell'Università in collaborazione con il Cambridge Assessment. Il questionario era composto da **60 quesiti**, con **5 alternative** di risposta, e articolato come segue:

- 10 domande di cultura generale;
- 10 di ragionamento logico e problemi;
- 15 di biologia;
- 15 di chimica;
- 10 di fisica e matematica.

Il tempo a disposizione è stato pari a **100 minuti**. Sono stati assegnati **1,5 punti** per ogni risposta esatta, una penalità di **–0,4** punti per ogni risposta errata e **0** punti per ogni risposta omessa.

L'idoneità per entrare in graduatoria è stata attribuita solo con il raggiungimento della soglia minima di 20 punti. I candidati collocati in posizione utile in graduatoria sono stati assegnati a una sede universitaria in funzione del proprio punteggio e dell'ordine di preferenze espresso in sede di iscrizione.

Per completare la preparazione, Alpha Test pubblica i volumi specifici: *Alpha Test-Medicina in Inglese IMAT-Manuale; Alpha Test Medicina inglese-Esercizi commentati; Alpha Test Medicina inglese-1300 Quiz* e propone **corsi specifici** di preparazione ai test IMAT.

PROVE NELLE UNIVERSITÀ PRIVATE

Gli **atenei privati** hanno la facoltà di decidere in autonomia sia il contenuto dei propri test selettivi (discipline, tipo di domande, numero di quesiti totali e per ciascun argomento ecc.) sia la data di somministrazione. Anche per queste università, tuttavia, il numero di posti da mettere a bando è stabilito dalla programmazione ministeriale. Di seguito si riporta quanto avvenuto con le ultime prove di accesso dei principali atenei privati.

Università Cattolica del Sacro Cuore

1. Per l'a.a. 2022/2023 erano a bando **360 posti** per Medicina e Chirurgia e **25** per Odontoiatria e Protesi dentaria. La selezione si è svolta in modalità multisessione (28 e 29 marzo). La prova scritta era la stessa per entrambi i corsi di laurea, ma ogni candidato poteva concorrere per **un solo corso**. Il test era costituito da **60 quesiti a risposta multipla** con **5 opzioni di risposta** e così strutturato:

   - 35 quesiti di ragionamento logico e logico-matematico;
   - 15 quesiti di cultura scientifica (5 di biologia, 5 di chimica e 5 di fisica);
   - 2 quesiti di lingua inglese;
   - 3 quesiti di cultura generale;
   - 5 quesiti di cultura etico-religiosa.

   Il tempo a disposizione era di **60 minuti**. Sono stati assegnati **1 punto** per ogni risposta esatta, una penalità pari a **–0,25 punti** per ogni risposta errata e **0 punti** per ogni risposta omessa. Anche per chi ha ottenuto punti sufficienti a immatricolarsi, la risposta errata a 3 o più domande delle sezioni di biologia e/o di chimica ha comportato l'attribuzione dei relativi OFA.

   La posizione del candidato in graduatoria è dipesa solo dal **risultato del test**. In caso di parità, il criterio di prevalenza ha premiato il candidato con il migliore punteggio ottenuto nella soluzione dei quesiti relativi, nell'ordine, agli argomenti di: ragionamento logico e logico-matematico, poi di cultura scientifica (complessivamente considerati), cultura generale, conoscenza della lingua inglese, cultura religiosa. In caso di ulteriore parità ha prevalso il candidato anagraficamente più giovane.

2. Per l'a.a. 2022/2023 erano a bando **30 posti** per cittadini comunitari in Medicina e Chirurgia in lingua inglese (Medicine and Surgery). L'ammissione è stata regolata dall'esito di una prova scritta (in modalità multisede e multisessione) composta da **65 quesiti** con 5 **opzioni di risposta**:

   - 2 quesiti di cultura generale;
   - 20 quesiti di ragionamento logico;
   - 18 quesiti di biologia;
   - 12 quesiti di chimica;
   - 8 quesiti di fisica e matematica;
   - 5 quesiti di cultura etico-religiosa.

   La prova è stata erogata in lingua inglese e in modalità **computer based**; il tempo complessivo a disposizione per risolvere i quesiti è stato di **65 minuti**. Il test è stato valutato assegnando **1 punto** per ogni risposta esatta; **–0,25 punti** per ogni risposta sbagliata; **0 punti** per ogni risposta omessa. Anche per chi ha ottenuto punti sufficienti per immatricolarsi, 10 o più risposte errate in biologia e/o 6 o più risposte errate in chimica hanno comportato l'attribuzione dei relativi OFA.

   In caso di parità tra due o più candidati, la precedenza è andata al migliore punteggio, nell'ordine, per i quesiti del gruppo di ragionamento logico, poi di biologia, chimica, fisica e matematica, cultura etico-religiosa. In caso di ulteriore parità ha prevalso lo studente anagraficamente più giovane. La **soglia minima** richiesta per potersi immatricolare al corso di laurea è stata fissata a **15 punti** su 65.

Per la preparazione agli esami di ammissione all'università Cattolica, Alpha Test ha in programma alcuni **corsi mirati** e pubblica i **volumi specifici** *Alpha Test Cattolica San Raffaele-Manuale; Alpha Test Cattolica San Raffaele-Esercizi commentati.*

Libera Università Vita-Salute San Raffaele

1. Per l'a.a. 2022/2023 erano a bando **600 posti** per Medicina e Chirurgia e **60 posti** per Odontoiatria. L'ammissione è stata regolata tramite prove erogate in modalità **computer based**, multisessione (a fine febbraio) e multisede, in test center di varie città (Milano, Roma, Napoli, Bari, Reggio Calabria, Catania, Palermo, Cagliari). I test erano composti da **60 domande** a **risposta multipla** così ripartite:
   - 36 domande di logica, problem solving e comprensione di un testo;
   - 24 domande di carattere scientifico (biologia, chimica, matematica e fisica).

   Il 10% delle domande era formulato in inglese. Il tempo complessivo a disposizione per risolvere i quesiti è stato di **60 minuti**. I punteggi sono stati assegnati come segue: **1 punto** per ogni risposta esatta; **–0,25 punti** per ogni risposta errata; **0 punti** per ogni risposta omessa.

   Al termine dell'esame, a ogni candidato è stato richiesto di rispondere a ulteriori 7 quesiti di riserva, con un tempo aggiuntivo e proporzionale al tempo complessivo della prova gestito informaticamente dalla piattaforma d'esame. Tali quesiti, coerenti con il programma del test, hanno fatto da riserva in caso di anomalie in uno o più quesiti. In assenza di annullamenti, i quesiti di riserva NON hanno concorso alla definizione del punteggio.

   In caso di parità tra due o più candidati, la precedenza è andata al migliore punteggio, nell'ordine, per i quesiti dei raggruppamenti di: logica e problem solving; comprensione del testo; biologia; chimica; matematica; fisica. In caso di ulteriore parità di punteggio la priorità è stata data al soggetto anagraficamente più giovane.

   In fase di iscrizione, il candidato indica il proprio ordine di preferenza in relazione ai due corsi di studio ai fini della successiva formazione delle graduatorie.

2. Per l'a.a. 2022/2023 sono stati messi a bando **86 posti** per Medicina e Chirurgia in lingua inglese (*International MD Program*). L'ammissione è stata regolata tramite prove erogate in modalità **computer based**, multisessione (ai primi di marzo) e multisede, in test center di varie città (Milano, Roma, Napoli, Bari, Reggio Calabria, Catania, Palermo, Cagliari) Il test era composto da **60 domande** a risposta multipla formulate in inglese così ripartite:
   - 36 domande di logica e problem solving e comprensione di un testo;
   - 24 domande di argomento scientifico (biologia, chimica, matematica e fisica).

   Il tempo complessivo a disposizione è stato pari a **80 minuti**. I punteggi sono stati assegnati come segue: **1 punto** per ogni risposta esatta; **–0,25 punti** per ogni risposta errata; **0 punti** per ogni risposta omessa. Al termine dell'esame, a ogni candidato è stato richiesto di rispondere a ulteriori 7 quesiti di riserva, in un tempo aggiuntivo e proporzionale al tempo complessivo della prova. In assenza di annullamenti, i quesiti di riserva NON hanno concorso alla definizione del punteggio.

   In caso di parità tra due o più candidati, la precedenza è andata al migliore punteggio, nell'ordine, per i quesiti dei raggruppamenti di: logica e problem solving, comprensione del testo, biologia, chimica, matematica, fisica. In caso di ulteriore parità di punteggio la priorità va al soggetto anagraficamente più giovane.

Per la preparazione agli esami di ammissione all'Università Vita-Salute San Raffaele, Alpha Test ha in programma **corsi mirati** e pubblica i **volumi specifici** *Alpha Test Cattolica San Raffaele-Manuale; Alpha Test Cattolica San Raffaele-Esercizi commentati.*

Libera Università Campus Bio Medico

1. Per l'a.a. 2022/2023, sono stati messi a bando **140 posti** per il corso di Medicina e Chirurgia. L'ammissione è stata regolata mediante una **prova scritta** (che si è svolta a fine marzo) composta da **80 quesiti a risposta multipla**, così ripartiti:
   - 50 domande di logica;
   - 10 domande di biologia;
   - 10 domande di chimica;
   - 10 domande di fisica e matematica.

Il tempo a disposizione per lo svolgimento è stato di **100 minuti**. Alle risposte sono stati assegnati: **1 punto** per ogni risposta esatta; **–0,2 punti** per ogni risposta sbagliata; **0 punti** per ogni risposta omessa, per un massimo di 80 punti. La **soglia minima** per potersi immatricolare pari a **16 punti**. Avere risposto correttamente a meno della metà delle domande di una o più materie ha comportato l'attribuzione di OFA nelle materie interessate.

In caso di parità tra due o più candidati, la precedenza è andata al migliore punteggio, nell'ordine, per i quesiti dei raggruppamenti di: logica, biologia, chimica e matematica e fisica. In caso di ulteriore parità, ha prevalso lo studente anagraficamente più giovane.

2. Per l'a.a. 2022/2023, sono stati messi a bando **60 posti** per Medicina e Chirurgia in lingua inglese (***Medicine and Surgery***) e aggiuntivi **40 posti** per il nuovo percorso **Medtech.** L'ammissione è stata regolata mediante una **prova scritta** (svoltasi a fine marzo) erogata in lingua inglese e composta da **80 quesiti a risposta multipla**, così ripartiti:
   - 50 domande di logica;
   - 10 domande di biologia;
   - 10 domande di chimica;
   - 10 domande di matematica e fisica.

   Il tempo a disposizione per lo svolgimento è stato di **100 minuti.** Alle risposte sono stati assegnati: **1 punto** per risposta esatta; **–0,2** punti per risposta sbagliata; **0 punti** per risposta omessa.

   Il punteggio massimo conseguibile era di 80 punti, la **soglia minima** per potersi immatricolare pari a **16 punti**. Avere risposto correttamente a meno della metà delle domande di una o più materie, ha comportato l'attribuzione di OFA nelle materie interessate.

   In caso di parità tra due o più candidati, la precedenza è andata al migliore punteggio, nell'ordine, per i quesiti dei raggruppamenti di: logica, biologia, chimica e matematica e fisica. In caso di ulteriore parità, ha prevalso lo studente anagraficamente più giovane.

Per la preparazione agli esami di ammissione all'università Campus Biomedico, Alpha Test ha in programma **corsi mirati** e pubblica i volumi *Alpha Test Cattolica San Raffaele-Manuale; Alpha Test Cattolica San Raffaele-Esercizi commentati*, **validi** anche per **questo ateneo**.

Humanitas International Medical School

1. Per l'a.a. 2022/2023, sono stati messi a bando **130 posti** per il corso di laurea in *Medicine and Surgery*. L'ammissione è stata regolata mediante una prova **computer based**, multissessione a domicilio. Il test interamente formulato in inglese era costituito da **60 quesiti** con **4 opzioni** di risposta, così ripartiti:
   - 30 quesiti di Scientific Thinking, da svolgersi in **60 minuti**, di cui: 10 quesiti di Procedural Thinking; 10 quesiti di Mathematical Thinking; 10 quesiti di Visual Thinking.
   - 30 quesiti di Academic Literacy, da svolgersi in **60 minuti**.

   Sono stati attribuiti **3 punti** per la risposta esatta; **–1 punto** per la risposta sbagliata; **0 punti** per la risposta omessa. La **soglia minima** era di **40 punti**, con almeno 20 punti per ogni sezione.

   Le matricole inoltre hanno dovuto svolgere un ulteriore test valutativo su biologia, chimica, matematica e fisica, con attribuzione di OFA nella/e materia/e con meno del 50% di risposte esatte.
2. Per l'a.a. 2022/2023, sono stati messi a bando 60 posti per il corso in lingua inglese **MEDTEC School**. L'ammissione è stata regolata mediante una prova **computer based**, multissessione a domicilio. Il test interamente formulato in inglese era costituito da **60 quesiti** con **5 opzioni** di risposta, ripartiti in 5 sezioni, da svolgere in un tempo complessivo di 100 minuti. In particolare: 20 quesiti di matematica (40 minuti); 10 quesiti di comprensione del testo e ragionamento critico (25 minuti); 10 quesiti di fisica e chimica (20 minuti); 10 quesiti di biologia (10 minuti); 10 quesiti di conoscenze tecnico-scientifiche (5 minuti). I quesiti di ogni sezione sono stati valutati con punteggi in positivo e in negativo differenti.

Università "Saint Camillus International" di Roma

1. Per l'a.a. 2022/2023, presso l'università Saint Camillus International University of Health Sciences di Roma, sono stati messi a bando **195 posti** per il corso di laurea in inglese di *Medicine and Surgery*. La prova di selezione, **computer based** e a domicilio, era composta da **60 domande** a **risposta multipla** in inglese, così ripartite:
   - 15 domande di ragionamento logico e comprensione del testo;
   - 35 domande di ambito scientifico (10 di biologia, 10 di chimica, 5 di matematica e10 di fisica);
   - 10 domande relative alla specifica missione umanitaria dell'Università.

   Il tempo a disposizione è stato di **60 minuti**. Alle risposte sono stati assegnati: **1,5 punti** per la risposta esatta; **– 0,25** punti per ogni risposta sbagliata; **0 punti** per ogni risposta omessa.

   Il punteggio massimo conseguibile era 90 punti; la **soglia minima** per potersi immatricolare era di 20 punti, indipendentemente dal posizionamento in graduatoria. In caso di parità di esito ha prevalso il candidato con migliore punteggio nelle domandi di argomento umanitario; in caso di ulteriore parità, il candidato più giovane per età anagrafica.
2. Per l'a.a. 2022/2023, sono stati messi a bando **75 posti** per il corso di laurea in inglese di Odontoiatria e Protesi dentaria. La prova di selezione, **computer based** e a domicilio, era composta da **60 domande** a **risposta multipla** in inglese, così ripartite:
   - 15 domande di ragionamento logico e comprensione del testo;
   - 35 domande di ambito scientifico (10 di biologia, 10 di chimica, 5 di matematica e10 di fisica);
   - 10 domande relative alla specifica missione umanitaria dell'Università.

   Il tempo a disposizione è stato di **60 minuti**. Alle risposte sono stati assegnati: **1,5 punti** per la risposta esatta; **– 0,25** punti per ogni risposta sbagliata; **0 punti** per ogni risposta omessa. La **soglia minima** per potersi immatricolare era di 20 punti.

CARATTERISTICHE DEL LIBRO

Le **dieci prove riportate** nelle pagine seguenti sono formulate secondo le specifiche previste dal TOLC-MED; ciascuna prova è dunque costituita da **50 quesiti a risposta multipla** con **5 alternative** di cui una sola esatta. Si articola in quattro parti, da svolgere entro il tempo predefinito qui sotto indicato:

- Comprensione del testo e conoscenze acquisite negli studi — **7 quesiti** da svolgere in **15 minuti**
- Biologia — **15 quesiti** da svolgere in **25 minuti**
- Chimica e Fisica — **15 quesiti** da svolgere in **25 minuti**
- Matematica e Ragionamento — **13 quesiti** da svolgere in **25 minuti**

Le prove così ottenute prevedono quindi: i quesiti numerati progressivamente da 1 a 7 di comprensione del testo e conoscenze acquisite negli studi; da 8 a 22 biologia; da 23 a 37 chimica e fisica; da 38 a 50 matematica e ragionamento. Il tempo totale a disposizione è di **90 minuti**, ma è importante usarlo nei modi previsti dal TOLC, senza concedersi minuti aggiuntivi in assoluto e senza trasferire i minuti di una sezione ai quesiti di un'altra. Pertanto, si suggerisce di svolgere ogni sezione entro il tempo esatto indicato nello schema. Solo così ciascuna prova simulata consente sia di verificare il grado di preparazione raggiunto, sia di sperimentare la difficoltà e l'impegno necessari a risolvere per intero un questionario, rispettando le modalità di svolgimento del test ufficiale. Naturalmente non si possono utilizzare sussidi di nessun tipo (dizionario, calcolatrice, smartphone ecc.).

Ogni prova simulata è corredata da **due schede per le risposte**: sulla *scheda vergine* (riportata all'inizio della prova) il lettore deve indicare l'alternativa scelta per ogni quesito; la *scheda delle risposte esatte* (riportata al termine della prova) indica la soluzione di tutti i quesiti. Una volta completata la prova (**e solo allora**) il lettore può confrontare le risposte che ha segnato sulla scheda vergine con quelle indicate sulla scheda già compilata.

Per la **valutazione del risultato,** si utilizzi il seguente criterio:

- risposta esatta: + 1
- risposta errata: – 0,25
- risposta omessa: 0

Il primo obiettivo da cogliere è la **soglia** di **10 punti**: se infatti, svolgendo un TOLC-MED o VET, non si ottiene questo punteggio minimo, non si è considerati idonei per l'iscrizione in graduatoria.
Il punteggio conseguito dal lettore nella prova simulata non può invece essere utilizzato come indizio sulla possibilità o meno di essere ammessi al corso prescelto. Infatti, le probabilità di ammissione dipendono non solo dalla performance individuale ma dal rapporto tra numero di candidati e posti disponibili e dal punteggio realizzato dagli altri candidati.
È più costruttivo dunque considerare il risultato di questa simulazione come un indicatore del livello di preparazione, lavorando sulle eventuali difficoltà emerse (lacune in una disciplina o su argomenti dei programmi, eccessiva lentezza nella soluzione dei quesiti, difficoltà nella gestione dei tempi massimi di svolgimento delle sezioni ecc.)

I suggerimenti e gli strumenti di Alpha Test per prepararsi al test di ingresso

Il **primo passo** in ogni percorso di preparazione consiste nel procurarsi tutte le informazioni disponibili sul test che si vuole affrontare, cominciando dai contenuti delle sue precedenti edizioni. Le fonti più autorevoli e complete sono il **sito del ministero dell'Università e della Ricerca** (MUR), i **siti degli atenei** di proprio interesse e **alphatest.it**. Sul sito del MUR gli studenti possono trovare tutta la normativa in materia, mentre sui siti delle singole università e di Alpha Test vengono pubblicati i bandi per i diversi concorsi di ammissione, che integrano le indicazioni del Ministero con le specifiche proprie di ciascuna sede.

Su **alphatest.it** vengono costantemente aggiornati il calendario con le date di svolgimento delle prove a test e pubblicata la normativa sulle prove di ingresso; si possono inoltre scaricare i test ufficiali degli anni precedenti risolti e commentati, nonché dati e approfondimenti relativi ai diversi corsi di laurea.

Anche i canali social Alpha Test (Facebook, Instagram e Youtube) informano tempestivamente su tutte le novità riguardanti sia i test sia le iniziative del Ministero o degli atenei; nelle rispettive communities gli studenti hanno inoltre la possibilità di relazionarsi tra loro e con gli esperti di Alpha Test.
Un altro utile strumento a disposizione degli studenti è il **magazine on line** di Alpha Test (**http://magazine.alphatest.it**), dove si possono consultare articoli e approfondimenti sempre aggiornati in tema di ammissione all'università, metodi e strumenti di studio, orientamento universitario e bandi di concorso.

Il metodo Alpha Test: libri, Alpha Test Academy, corsi in aula e online

Il **passo successivo** per conseguire una preparazione completa è costituito dallo **studio individuale.** Tra i libri che Alpha Test ha realizzato appositamente per chi deve affrontare i test di Medicina, Odontoiatria e Veterinaria, i principali sono il Manuale di preparazione, la raccolta di quesiti suddivisi per materia Esercizi commentati, la raccolta di prove simulate Prove di verifica e il volume 10.000 Quiz.

Ognuno di questi libri consente l'accesso a **MyDesk**, l'esclusivo ambiente di formazione online creato da Alpha Test, con contenuti e strumenti aggiuntivi a disposizione del lettore.

Ai fini dello studio, ciascuno dei quattro volumi è autosufficiente ma, allo stesso tempo, complementare agli altri. Ecco in sintesi le caratteristiche di ciascuno.

- **Manuale di preparazione**: è il principale strumento di studio. Raccoglie la sintesi di tutti gli argomenti previsti nei programmi ufficiali del test, materia per materia. È un valido aiuto a non disperdere gli sforzi di fronte alla vastità dei programmi da svolgere, perché consente lo **studio** e il **ripasso** mirato. L'esposizione degli argomenti è resa più efficace e completa mediante immagini, schemi, tabelle, glossari, mentre l'apprendimento è facilitato e consolidato grazie ai numerosi esercizi di esempio (sempre nella forma a risposta multipla), risolti e commentati.

  Lo spazio **MyDesk** del Manuale propone videolezioni su argomenti di matematica, tutorial sullo svolgimento dei test, sintesi, formulari e ulteriori materiali di studio. Nel libro, un'apposita icona – visibile sul margine della pagina – segnala la presenza di contenuti aggiuntivi su **MyDesk**.
- **Esercizi commentati**: questo libro rappresenta un ulteriore step da usare nella fase intermedia della preparazione. Si tratta di un volume di esercitazioni guidate, con centinaia di quesiti, suddivisi tra le materie oggetto d'esame. Lo studente può svolgere ogni quesito in autonomia per poi verificare la soluzione nel relativo commento, dove troverà richiamate le nozioni teoriche necessarie e i metodi risolutivi più efficaci. In tal modo, il lettore può sia **esercitarsi** sia **accrescere la preparazione**.

  Nello spazio **MyDesk** correlato, è possibile accedere a un **simulatore online** per svolgere esercitazioni per materia, combinando i quesiti a disposizione di una stessa disciplina, o per comporre prove simulate secondo le modalità e i tempi dell'esame ufficiale.

- **Prove di verifica**: è uno strumento agile ed efficace, consigliato nella **fase finale** del percorso di preparazione. Consente di valutare i propri risultati nella soluzione di prove strutturate, monitorare la preparazione raggiunta e intervenire sulle materie o aree in cui si rilevano incertezze o lacune. Contiene 10 test completi, composti con domande ufficiali dei concorsi degli ultimi anni, in forma di **prove simulate**, accompagnate da indicazioni pratiche (tempo a disposizione, criteri di calcolo del punteggio ecc.) che consentono di svolgerle e valutarle nei modi dell'esame ufficiale.

  Nello spazio **MyDesk** correlato, è possibile svolgere online le prove contenute nel volume e confrontare così il proprio risultato con quello degli altri lettori. Sono inoltre disponibili alcune prove aggiuntive.
- **10.000 Quiz – I quesiti delle prove di ammissione**: è una imponente banca dati di quesiti, che include la raccolta completa dei quesiti delle prove ufficiali somministrate in passato. Gli esercizi sono suddivisi per materia (3000 di biologia, 3000 di chimica e fisica, 3000 di matematica e ragionamento, 1000 di competenze di lettura e conoscenze acquisite negli studi). Alla fine di ogni sezione sono riportate in tabella le soluzioni di tutti i quesiti. Questo volume può essere utilizzato o in parallelo allo studio del MANUALE, o con le stesse finalità delle PROVE DI VERIFICA.

  Come nell'eserciziario, lo spazio **MyDesk** correlato consente l'accesso a un **simulatore online**, per svolgere esercitazioni mirate sulle singole discipline o argomenti e comporre numerose prove simulate da svolgere secondo le modalità e i tempi dell'esame ufficiale.

AlphaTestAcademy

È l'innovativo ambiente di studio online, **personalizzato** e **assistito**, che guida lo studente nella preparazione ai test. Per ciascuna delle materie e degli argomenti previsti nelle prove di ammissione, il programma accompagna lo studente a migliorare le proprie conoscenze, proponendogli in modo **adattivo** batterie di domande a difficoltà graduale e differenziata; ogni domanda è corredata da spiegazioni o da commenti multimediali (link, videotutorial), con specifici richiami di teoria. Il materiale e l'assistenza offerti da AlphaTestAcademy consentono di chiarire lungo il percorso ogni quesito e dubbio individuale, migliorando e consolidando progressivamente conoscenze e capacità in vista del test ufficiale.

Questo lavoro di preparazione e potenziamento rappresenta quindi un utile affiancamento al manuale di preparazione o a un corso Alpha Test in aula. L'abbonamento alla piattaforma è in dotazione ai partecipanti ai corsi Alpha Test e viene abilitato al momento dell'iscrizione.

Corsi

Un ulteriore e importante strumento di preparazione alle prove di ammissione, che Alpha Test ha ideato per gli studenti più motivati, sono i numerosi **corsi**, svolti **in aula** oppure **on line**, con durata differenziata (da pochi giorni di lezione ad alcuni mesi). Frequentare un corso Alpha Test consente di completare, perfezionare e consolidare la propria preparazione grazie ai seguenti punti di forza. Frequentare un corso Alpha Test consente di completare, perfezionare e consolidare la preparazione grazie ai seguenti punti di forza.

1. **La didattica interattiva.** Ogni corso prevede cicli di lezioni e di esercitazioni dedicate al ripasso di tutti gli argomenti oggetto d'esame. Gli studenti possono beneficiare della professionalità di docenti con un'esperienza d'insegnamento unica in Italia, maturata in oltre 30 anni di attività di Alpha Test nel campo specifico della preparazione ai test universitari.
2. **Il materiale supplementare consegnato ai corsi.** Durante le lezioni, a ciascun partecipante viene fornito materiale di studio e di esercitazione aggiuntivo rispetto ai volumi, consegnato al momento dell'iscrizione. Si tratta di contenuti didattici estremamente aggiornati e specifici, redatti in base alla struttura e ai contenuti del test che si deve affrontare.
3. **I corsi online** prevedono un mix tra lezioni sincrone e asincrone e si svolgono nell'aula virtuale di **MyDesk**, uno spazio di e-learning completo, appositamente realizzato da Alpha Test e già sperimentato con soddisfazione da migliaia di corsisti. **MyDesk** consente infatti ai docenti Alpha Test di seguire gli studenti con la stessa cura che hanno in classe, assicurando quindi la più alta qualità non solo nelle fasi di spiegazione ed esercitazione sulle singole materie ma anche in termini di assistenza e supporto a chiarimento di dubbi individuali. Sono inoltre favoriti il rapporto e il confronto diretto con gli altri studenti nonché la puntuale verifica dei progressi nella preparazione.
4. **L'esperienza "sul campo".** In ciascun corso vengono svolte più simulazioni d'esame per mettersi alla prova e per confrontare la propria preparazione con quella di altri candidati.

Infine, chi desidera prepararsi al test di ammissione senza rinunciare a divertimento e nuove amicizie può partecipare a una delle **vacanze-studio Alpha Test** (per informazioni: **alphatest.it/Corsi**).

Test ufficiali commentati e ultimi aggiornamenti disponibili su alphatest.it

Sul sito **alphatest.it** si possono scaricare gratuitamente i test ufficiali di ammissione ai corsi di laurea in Medicina/Odontoiatria e Veterinaria, somministrati negli ultimi anni, completi delle soluzioni e dei **commenti esplicativi dei singoli quesiti**.

Sul sito sono anche pubblicati gli aggiornamenti riguardo alla normativa sui test, con le eventuali integrazioni agli argomenti e ai programmi d'esame.

Test di autovalutazione online

Su **alphatest.it** è possibile autovalutare il proprio livello di preparazione. Il test diagnostico gratuito prevede 20 domande tratte dai test ufficiali degli ultimi anni, da risolvere in 20 minuti; il suo scopo è aiutare il candidato a individuare le proprie debolezze e impostare al meglio il percorso di studio.

Indicazioni per i partecipanti ai corsi Alpha Test

Alpha Test:

- è **la prima** società in Italia specializzata nel preparare gli studenti ai test di ammissione all'università;
- è **l'unica** organizzazione che può vantare un'esperienza di 35 anni e migliaia di corsi già organizzati su tutto il **territorio nazionale**;
- dal 1987 a oggi ha **preparato con successo** ai test universitari **decine di migliaia di studenti** che si sono trovati in vantaggio rispetto alle altre aspiranti matricole;
- è **la più scelta** dagli studenti che superano le selezioni per l'università (secondo i rilievi di una primaria società di indagini di mercato, l'**84%** degli ammessi a Medicina si è preparato con Alpha Test);
- propone **corsi** con durata, programmi e costi differenziati a seconda della prova di selezione e delle esigenze dei singoli studenti, comprese **vacanze-studio, corsi online** e **corsi residenziali**;
- vanta un corpo docente composto da oltre 200 esperti rigorosamente selezionati e costantemente formati: docenti e ricercatori universitari, professionisti e insegnanti con un'**esperienza didattica unica** e **specifica** nel campo della preparazione ai test universitari;
- ha sviluppato, per prima in Italia, una **metodologia didattica innovativa** e specifica per affrontare le prove a test, oggi potenziata con **Mydesk**: un originale spazio di e-learning riservato ai corsisti;
- propone ai suoi corsisti **prove simulate**, corrette individualmente; ciò consente ai partecipanti di verificare in tempo reale il proprio livello di preparazione e di apprendimento;
- effettua l'analisi e la discussione in aula delle **prove ufficiali** somministrate negli anni passati;
- ha sviluppato una collana di volumi specifici per i diversi test di ammissione, già scelti da oltre cinque milioni di studenti, che vengono **forniti ai partecipanti ai corsi** all'atto dell'iscrizione;
- ha sviluppato **AlphaTestAcademy**, la piattaforma di training online personalizzato, attivata per tutti coloro che si iscrivono a un corso;
- mette a disposizione anche dei suoi lettori lo spazio digitale di apprendimento **MyDesk**, con materiali e contenuti aggiuntivi per la preparazione.

I risultati conseguiti nelle prove di ammissione dai corsisti Alpha Test nei tanti anni di esperienza confermano che prepararsi a un test frequentando lo specifico corso Alpha Test rappresenta la scelta migliore per chi è veramente motivato ad accedere al corso universitario desiderato. I dati dicono che in tal modo si aumenta fino a sette volte la probabilità di ammissione rispetto a quella degli altri candidati.

Alpha Test e il suo corpo docente mettono a disposizione l'esperienza maturata e forniscono tutto l'aiuto necessario affinché i propri studenti possano prepararsi nel modo più rapido, completo ed efficace alla prova di selezione. Per accrescere ulteriormente la probabilità di successo è comunque **essenziale l'impegno** di ogni aspirante matricola nelle attività di **studio individuale** e di **esercitazione** prima e durante lo svolgimento del corso.

Per consentire agli studenti un approccio preliminare agli argomenti di studio, Alpha Test consegna già all'atto dell'iscrizione i volumi Manuale di preparazione, Esercizi commentati, Prove di verifica e 10.000 quiz (quest'ultimo solo per i corsi di maggior durata) e il codice di attivazione per AlphaTestAcademy valido fino al momento del test ufficiale.

Consigliamo di leggere i libri (almeno il manuale) **prima dell'inizio del corso, per acquisire almeno una conoscenza di base dei programmi**. Questa raccomandazione vale in particolar modo per chi sceglie di frequentare uno dei corsi Alpha Test di durata minore.

Sempre al momento dell'iscrizione al corso, Alpha Test fornisce una guida operativa con istruzioni e consigli utili per avviare la preparazione anche prima dell'inizio delle lezioni e con importanti informazioni sul test di ammissione di interesse dello studente.

Durante il corso l'attenzione viene focalizzata in modo specifico sulle tipologie di quesiti previsti nella prova di ammissione di interesse. Viene inoltre esaminato e discusso con i docenti un consistente numero di esercizi diversi da quelli presenti nei libri e contenuti in appositi materiali didattici aggiornati ogni anno e distribuiti durante il corso esclusivamente ai partecipanti.

Informazioni e modalità di iscrizione ai corsi Alpha Test

Le iscrizioni ai corsi Alpha Test per la preparazione ai test di ammissione universitari sono sempre aperte, sino all'esaurimento dei posti previsti. I corsi sono infatti riservati a un numero limitato di partecipanti.

Per ciascun corso, sono disponibili su **alphatest.it** le informazioni aggiornate relative al calendario e alla quota di partecipazione.

Per chi avesse già acquistato **direttamente da Alpha Test** l'ultima edizione dei libri in dotazione al corso, è prevista una riduzione della quota di iscrizione al corso pari al 100% del prezzo di copertina dei libri; se i libri sono stati acquistati **in libreria** tale riduzione è pari al 50% del prezzo di copertina.

L'iscrizione ai corsi e l'acquisto dei libri Alpha Test possono essere effettuati su **alphatest.it**

Per ricevere maggiori informazioni sui libri o una consulenza gratuita sui corsi è possibile scrivere a info@alphatest.it oppure scegliere una delle modalità indicate nella sezione "Richiedi informazioni" su **alphatest.it**

Suggerimenti per affrontare il test

Per affrontare al meglio un test a risposta multipla è importante conoscerne le caratteristiche rilevanti: per esempio quali siano le modalità di svolgimento, la composizione, il numero dei quesiti e delle alternative di risposta, o – se possibile – quali tipologie di esercizi si dovranno risolvere. In tal modo si possono studiare anche opportune "strategie" per valorizzare al massimo le proprie conoscenze e potenzialità.

Nelle prove per l'ammissione ai corsi a numero programmato, i candidati sono selezionati sulla base di un criterio di tipo **comparativo**. Cioè, per superare la selezione **lo studente deve figurare tra i migliori** nella graduatoria: non è quindi tanto rilevante il punteggio assoluto ottenuto quanto svolgere il test di ammissione meglio di un certo numero di altri candidati.

È bene però ricordare, soprattutto nei casi dei test di ammissione a base nazionale, che a volte è prevista una soglia minima qualificante: in tal caso anche qualora residuassero posti disponibili, i candidati con punteggio inferiore a tale soglia non potrebbero immatricolarsi perché giudicati non idonei. Dunque, totalizzare i punti minimi rappresenta una condizione necessaria ma non sufficiente per l'immatricolazione.

Prima di addentrarsi nell'analisi dei contenuti dei test e degli esercizi che li compongono, è opportuno considerare alcuni suggerimenti solo in apparenza banali, e invece molto utili al fine di ottimizzare il risultato nella prova di ammissione.

Prima del test

Il primo suggerimento, di carattere generale, è leggere con grande attenzione e per intero il **bando di concorso**, compresi gli allegati con i programmi di esame. Inoltre bisogna tenere in considerazione anche le **disposizioni** pubblicate dalla sede universitaria dove lo studente svolgerà la prova. Gli atenei e il Ministero, infatti, sono le fonti di informazioni **ufficiali** relative alle norme, alle modalità di selezione, alla struttura e ai contenuti della prova che regola l'ammissione al corso di studi scelto.

In particolare è importante avere ben chiare le indicazioni relative a: modalità di iscrizione alla prova; titoli necessari per potere partecipare al concorso; giorno e ora di svolgimento della prova di interesse, nonché la sua durata ecc. Sarà cura dello studente verificare in quale modalità (computer based o meno, sessione unica o multisessione ecc.) sarà somministrato il test di suo interesse. Sicuramente, in caso di test in presenza, bisognerà ricordare di recarsi all'esame con un documento di identità valido, la ricevuta di iscrizione ed eventuali ricevute di pagamento richieste.

Il giorno del test

In sede d'esame, prima del suo inizio, di solito vengono comunicate ai candidati le **norme alle quali attenersi durante tutte le fasi di svolgimento del test**. Tali norme riguardano, per esempio: il tempo totale a disposizione, le modalità con cui indicare le risposte sull'apposita scheda cartacea o, in caso di prova *computer based*, le istruzioni per l'utilizzo della piattaforma; vengono inoltre fornite altre indicazioni su come comportarsi durante l'esame e al suo termine.

È necessario rispettare scrupolosamente tutte le regole, evitando così errori banali ma sostanziali (quale, per esempio, la compilazione errata della scheda per le risposte o l'omissione di una firma), che potrebbero compromettere la validità della prova e quindi l'ammissione.

In alcuni casi, all'interno del test stesso gli esercizi sono preceduti da **istruzioni circa le modalità di risoluzione** dei quesiti e a volte anche da un esempio risolto. È importante in questi casi non lasciarsi prendere dalla fretta di mettersi subito al lavoro, ma dedicare la massima attenzione alla lettura di queste istruzioni, indispensabili per capire la logica degli esercizi e per rispondere correttamente alle domande.

Domande a risposta multipla

I test che vengono utilizzati per l'ammissione all'università sono costituiti da domande a risposta **chiusa**, le cui risposte sono cioè predefinite: il candidato deve individuare la sola risposta esatta tra le alternative proposte che, per i test cui si rivolge questo volume, sono sempre **5**.

Per rispondere a una domanda *aperta* (cioè non corredata da risposte prefissate) come per esempio "Qual è la capitale della Colombia?", occorre conoscere l'esatta nozione che consente di dare la risposta.
Nel caso di *domande a scelta multipla* è invece possibile procedere anche in maniera diversa.
Si ipotizzi, per esempio, di dover rispondere al medesimo quesito, però in forma chiusa.

---

1 Qual è la capitale della Colombia?

A Delhi
B Buenos Aires
C Bogotá
D Brasilia
E Santiago

In questo caso è possibile determinare la risposta corretta procedendo in due modi distinti:

1. ragionando come se si trattasse di una domanda aperta: sapendo che la capitale della Colombia è Bogotá, si individua direttamente la risposta corretta (C) senza valutare le altre risposte proposte;
2. se, al contrario, non si conosce la risposta alla domanda, ma si ricordano altri accoppiamenti Paese/capitale, è possibile individuare la risposta corretta eliminando le alternative errate: sapendo che Delhi è la capitale dell'India, Buenos Aires dell'Argentina, Santiago del Cile e Brasilia del Brasile, per esclusione si può concludere che la risposta esatta è la C.

In altre parole, per rispondere correttamente a una domanda a scelta multipla non è sempre strettamente necessario conoscere la risposta esatta: a volte la soluzione può essere individuata indirettamente, escludendo le alternative errate.

Nel caso in cui, procedendo per esclusione, il candidato non riesca a eliminare tutte le alternative errate, il metodo di risposta per eliminazione permette comunque di aumentare le probabilità di individuare la risposta corretta: l'esclusione di una o più risposte riduce infatti il numero delle alternative tra cui si rimane incerti e quindi incrementa la probabilità di individuare l'alternativa corretta.

Valore dei quesiti e gestione del tempo

Come i partecipanti ai corsi Alpha Test hanno modo di sperimentare durante lo svolgimento delle prove simulate, il **tempo** rappresenta uno dei fattori critici per affrontare con successo un test di ammissione.

Infatti, le prove sono spesso progettate e formulate in modo tale da permettere solo ai più preparati e ai più veloci di rispondere, entro i termini concessi, alla totalità delle domande.

È dunque imperativo impiegare razionalmente ogni minuto, avendo presente – prima di iniziare la prova – quanto vale il tempo medio a disposizione per ogni quesito (calcolato sui minuti complessivi divisi per il numero dei quesiti), ed evitando di soffermarsi su una singola domanda per un tempo eccessivamente superiore. In generale, il consiglio è di non superare il tempo medio per più del 20%: questa dilazione per gli esercizi più complessi viene infatti compensata dalla presenza di altri di più veloce risoluzione.

Ormai in quasi tutti i test, ogni risposta corretta fa "guadagnare" lo stesso punteggio: dunque a parità di tempo impiegato conviene risolvere due esercizi semplici piuttosto che uno complesso.

Come in tutti i TOLC, anche la struttura dei **TOLC-MED** e **TOLC-VET** ha conseguenze significative sulla gestione del tempo. Infatti, benché i minuti totali a disposizione siano 90 e gli esercizi 50, il calcolo del tempio medio va fatto sezione per sezione, in quanto ciascuna ha un suo tempo massimo che non può essere integrato con i minuti eventualmente "risparmiati" in un'altra. Il tempo medio dunque non è lo stesso per tutti i quesiti, perché il numero di esercizi di ogni sezione va rapportato al tempo assegnato alla sezione stessa. Così, per esempio nel TOLC-MED, per i 7 quesiti di Comprensione del testo, il tempo medio è di oltre 2 minuti (128 secondi), mentre per i 15 di Biologia sarà di 100 secondi esatti (lo stesso per Chimica con Fisica). Infine i 13 quesiti di Matematica e Ragionamento avranno un tempo medio disponibile un po' più alto, pari a 115 secondi.

Scelta casuale della risposta?

La correzione dei test attribuisce in genere un punteggio positivo per le risposte corrette e, nella più parte dei casi, l'attribuzione di un punteggio negativo per ogni risposta errata (di solito quantificato in una frazione di punto). Ai quesiti omessi, a cui cioè non si è risposto, viene di norma attribuito punteggio nullo.

Come spesso accade, anche nei TOLC l'attribuzione del punteggio applica il seguente criterio:

- Risposta esatta: $+1$
- Risposta errata: $-0{,}25$ $(-1/4)$
- Risposta omessa: 0

La penalità sulle risposte errate ha lo scopo di annullare il punteggio positivo che, statisticamente, il candidato potrebbe conseguire rispondendo a caso in assenza di tale penalità.

Ma **è conveniente o no rispondere a caso** ai quesiti a cui si sa trovare soluzione?

Si supponga di non conoscere assolutamente le risposte di 20 quesiti (con 5 risposte alternative ciascuno) della prova. Scegliendo a caso, si risponderebbe statisticamente in modo corretto a 4 esercizi (20/5) e si sbaglierebbero i restanti 16 quesiti. Il punteggio totalizzato sarebbe dunque:

- risposte esatte: $4 \times (+1) = +4$
- risposte errate: $16 \times (-1/4) = -4$
- risposte nulle: $0 \times 0 = 0$
- punteggio totale: $4 - 4 = 0$

Si otterrebbe quindi un punteggio nullo, esattamente identico a quello che si totalizzerebbe scegliendo di non rispondere ai 20 quesiti. Dunque, è possibile distillare una regola utile su come comportarsi nel caso in cui non si riesca a identificare, tra le diverse risposte alternative, quella corretta:

> conviene rispondere casualmente ogni volta che il numero di alternative tra cui si è indecisi è pari o inferiore al reciproco del punteggio negativo attribuito alle risposte errate.

Quindi, se restasse invariata la struttura dei quesiti con 5 alternative, è sufficiente scartare almeno una alternativa per rendere statisticamente conveniente rispondere a caso a un quesito che non si sa risolvere.

Nella pratica, scartare almeno una alternativa di risposta è cosa possibile anche quando l'argomento del quesito risulti poco o per nulla noto al candidato. Infatti quasi sempre almeno una delle risposte fornite è palesemente errata. Si veda per esempio:

---

2 In base alla Costituzione, l'Italia è:

A una repubblica regionale
B uno Stato federale
C una repubblica democratica, fondata sul lavoro
D una repubblica presidenziale, fondata sul lavoro
E uno Stato federato

Anche senza ricordare la definizione precisa che la Costituzione dà dello Stato italiano, è facile riuscire a escludere le alternative B ed E che si segnalano per l'evidente implausibilità. L'Italia infatti è uno Stato unitario che non si articola al suo interno in altre entità statali né è a sua volta parte di uno Stato federale. Al candidato resterà dunque, eventualmente, il dubbio tra tre sole alternative (la risposta esatta è C).

Prova computer based

Con le novità introdotte dalla riforma delle prove di ammissione, descritte a pagina XI e seguenti, le prove dei TOLC per l'accesso a Medicina, Odontoiatria e Veterinaria saranno erogate dalla piattaforma CISIA e i candidati le svolgeranno dalle postazioni informatiche messe a disposizione dalle sedi universitarie.

Rispetto alle prove cartacee (con questionario e scheda delle risposte separate), l'indicazione della risposta sarà più agevole: basterà cliccare lo spazio corrispondente all'alternativa che si ritiene corretta. All'interno di ogni Sezione e del tempo concesso per la soluzione dei relativi quesiti, è sempre possibile cambiare la risposta indicata. Al termine dei minuti assegnati alla Sezione, però, il sistema non consentirà di tornare sulle domande di quella Sezione.

Al termine di ogni prova TOLC-MED o TOLC-VET, lo studente potrà visionare nella sua area riservata CISIA le risposte date e confrontare in forma aggregata il risultato ottenuto con quelli degli altri partecipanti nello stesso periodo/anno solare. Si tratta di uno strumento utile per valutare il proprio posizionamento.

Prove di verifica

PRIMA PROVA

Scheda delle risposte

Alpha Test

Scheda per le risposte della prima prova

Contrassegnare le risposte relative alle domande della prova simulata

	A	B	C	D	E		A	B	C	D	E
1						26					
2						27					
3						28					
4						29					
5						30					
6						31					
7						32					
8						33					
9						34					
10						35					
11						36					
12						37					
13						38					
14						39					
15						40					
16						41					
17						42					
18						43					
19						44					
20						45					
21						46					
22						47					
23						48					
24						49					
25						50					

PRIMA PROVA

Tempo a disposizione: 90 minuti – Tempo consigliato: 80 minuti

Comprensione del testo e conoscenze acquisite negli studi

Tempo a disposizione: 15 minuti

Leggere il brano seguente e rispondere alla relativa domanda.

«La nozione di ciò che è stato chiamato "manipolazione genetica" o DNA "ricombinante" sembra sconfinare nel soprannaturale.

(1) Fa risorgere dalla notte dei tempi alcuni dei miti radicati nelle angosce dell'uomo. Essa evoca il terrore provocato dalla visione dei mostri, la ripugnanza associata alla idea degli ibridi, degli esseri uniti contro natura […].

(2) Il pericolo per lo scienziato è quello di non misurare i limiti della sua scienza e quindi della sua conoscenza.

(3) È quello di mescolare ciò che crede e ciò che sa.

(4) È soprattutto la certezza di aver ragione.

(5) I genetisti non hanno sufficientemente discusso le loro idee di eugenetica con i non-scienziati.»

(François Jacob, *Il topo la mosca e l'uomo*, 1998)

1 Sono stati sopra isolati e contrassegnati da un numero cinque periodi del discorso di Jacob sugli entusiasmi e i sospetti che suscitano i progressi della genetica; a ognuno è fatta qui sotto corrispondere la caratteristica comportamentale, vizio o virtù, a cui l'analisi allude.

Individuate LA SOLA corrispondenza NON PIENAMENTE SODDISFACENTE:

- A (1) soggezione a condizionamenti ancestrali
- B (2) cieca superbia, Übris
- C (3) mancanza di autocritica e di rigore metodologico
- D (4) presunzione, fanatismo della ragione
- E (5) egoismo, oscurantismo

2 **«Roma 18 novembre.**

È ritornato il bel tempo; giornata limpida, d'un tepore piacevole. Nella Farnesina ho visto la storia di Psiche, le cui riproduzioni a colori allietano da tanto tempo le mie stanze; poi la trasfigurazione di Raffaello a San Pietro in Montorio. Tutte vecchie conoscenze, direi quasi amicizie, che ci siamo procurati da lontano per corrispondenza, ma che ora vediamo di persona.»

- A Cronaca giornalistica
- B Sonetto
- C Diario di viaggio
- D Poema epico
- E Romanzo storico

Leggere il brano seguente e rispondere alle relative domande

«Le collaborazioni del CERN (nato nel 1954) coprono oggi tutto il mondo e tutti i campi della fisica. Va però ricordato ancora almeno un altro risultato ottenuto dal CERN che ha cambiato la vita di tutti noi e cioè il World Wide Web (Tim Berners-Lee e Robert Caillau, 1990) che sotto l'acronimo www ovvero il web ha unificato e connesso in tempo reale tutto il mondo. Da osservare che gli autori del web non hanno voluto brevettare la loro creatura perché realizzata nell'ambito di ricerche finanziate con fondi pubblici.

C'è infine un risvolto della grande epopea della fisica del Novecento che varrebbe la pena di studiare meglio e a cui il CERN ha contribuito in maniera determinante. Parlo del ruolo discreto ma fondamentale nel mantenere vivi i rapporti internazionali.»

Enrico Predazzi, *A Ginevra la frontiera della ricerca sul mondo atomico*,
«Tutto Scienze-La Stampa», 28/4/2004

3 **Una delle considerazioni qui riportate NON TROVA CONFERMA nell'articolo citato. Individuatela.**

- A Berners-Lee e Caillau hanno dato una chiara dimostrazione non solo di originalità di pensiero, ma anche di disinteresse
- B Almeno alcuni dei risultati delle superspecialistiche ricerche del CERN hanno avuto una importante ricaduta sul nostro vivere quotidiano
- C Le conquiste della fisica nel XX secolo possono essere raccontate come un grande poema epico
- D Gli scienziati del CERN hanno favorito e reso più rapidi e agili i rapporti, e forse anche la comprensione, fra gli uomini
- E Anche se i fisici del CERN si impegnano attivamente in campo bellico, la loro opera favorisce l'avvicinamento tra popoli

4 **Alcune parole, sottolineate nell'articolo di E. Predazzi sopra citato, sono spiegate in nota. individuate LA DEFINIZIONE ERRATA rispetto al SIGNIFICATO CHE IL TERMINE HA ASSUNTO NEL CONTESTO:**

- A *acronimo*: nome formato con le iniziali di altre parole
- B *epopea*: narrazione poetica di gesta eroiche
- C *tempo reale*: contemporaneità assoluta
- D *brevettare*: far fruttare spregiudicatamente
- E *CERN*: Centro Europeo Ricerche Nucleari

5 **Quale tra i seguenti personaggi è intervenuto alle Nazioni Unite il 12 luglio 2013 per reclamare il diritto all'accesso all'istruzione?**

- A Aung San Suu Kyi
- B Benazir Bhutto
- C Kofi Annan
- D Malala Yousafzai
- E Barack Obama

6 **Nell'opera poetica e nell'attività letteraria di Pier Paolo Pasolini (1922-75) ebbero spazio significativo i dialetti, e in particolare:**

- A quello romano e quello bolognese
- B quello bolognese e quello friulano
- C quello bolognese e quello napoletano
- D quello friulano e quello romano
- E quello romano e quello siciliano

7 **Il periodo tra le due guerre mondiali fu, sia in Italia sia in Europa, un volger d'anni drammatico, di continue crisi politico-istituzionali, economiche e sociali. Indicare il giusto ordine cronologico degli eventi novecenteschi in elenco.**

- A Varo delle leggi razziali del fascismo – Patto d'Acciaio – Patti Lateranensi – Guerra di Spagna
- B Guerra di Spagna – Varo delle leggi razziali del fascismo – Patto d'Acciaio – Patti Lateranensi
- C Varo delle leggi razziali del fascismo – Patti Lateranensi – Guerra di Spagna – Patto d'Acciaio
- D Patti Lateranensi – Guerra di Spagna – Varo delle leggi razziali del fascismo – Patto d'Acciaio
- E Patto d'Acciaio – Varo delle leggi razziali del fascismo – Patti Lateranensi – Guerra di Spagna

Biologia

Tempo a disposizione: 25 minuti

8 Sia una cellula con 2n = 20. Considerando l'anafase della prima divisione meiotica e l'anafase della mitosi, quale delle seguenti affermazioni è CORRETTA?

A Nell'anafase meiotica migrano ai poli 10 cromosomi per parte
B Nell'anafase mitotica migrano ai poli 10 cromosomi per parte
C Nell'anafase meiotica si separano i cromatidi
D Nell'anafase mitotica migrano ai poli 10 cromatidi per parte
E Nell'anafase meiotica migrano ai poli 20 cromosomi per parte

9 Nella *Drosophila* il carattere "occhi a barra" è dominante legato al sesso. Si incrocia una femmina eterozigote con occhi a barra con un maschio con occhi normali. I figli, indipendentemente dal sesso saranno:

A 50% con occhi normali, 50% con occhi a barra
B sicuramente tutti con occhi normali
C sicuramente tutti con occhi a barra
D tutti con genotipo eterozigote
E tutti con genotipo omozigote

10 La figura rappresenta le condizioni elettrostatiche a livello di un tratto della membrana di un assone. Si può dedurre che la membrana:

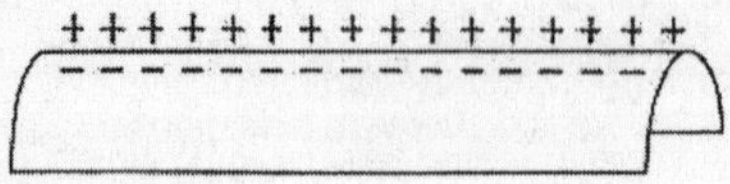

A si trova in potenziale d'azione
B si trova in potenziale di riposo
C sta trasmettendo l'impulso
D presenta un potenziale di 0mV
E presenta un potenziale di +50mV

11 Il mammuth lanoso, o *Mammuthus primigenius*, ora estinto, visse alla fine del Pleistocene, perfettamente adattato alle basse temperature delle ere glaciali. Un gruppo di studiosi, partendo da una piccola quantità di DNA estratto dai peli della sua folta pelliccia, ha ricostruito il suo albero genealogico dimostrandone la parentela con l'elefante asiatico. In quale modo hanno potuto ottenere rapidamente una quantità sufficiente di DNA per effettuare tale analisi?

A Sottoponendo il DNA a elettroforesi su gel
B Integrando un tratto di DNA in un plasmide e quindi clonando il batterio così trattato
C Incollando il DNA a disposizione con enzimi ligasi
D Marcando radioattivamente il campione ottenuto
E Facendo ricorso alla tecnica della reazione a catena della polimerasi

12 Nei mammiferi, una malattia ereditaria dovuta a un difetto di un gene mitocondriale:

A viene ereditata soltanto dai figli maschi
B viene ereditata soltanto per via materna
C viene ereditata soltanto dalle figlie femmine
D si trasmette con un salto di generazione
E si trasmette come un gene recessivo

13 Quale tra i composti elencati di seguito NON è un prodotto del ciclo di Calvin?

A Fosfato inorganico
B $NADP^+$
C Diossido di carbonio
D Trioso fosfato
E ADP

14 Nel liquido spermatico di una sola eiaculazione di un uomo sessualmente maturo sono presenti circa $4 \cdot 10^8$ spermatozoi. Quanti spermatociti di primo ordine hanno subito la meiosi per produrre un numero così elevato di spermatozoi?

A 10^8
B $16 \cdot 10^8$
C $4 \cdot 10^{32}$
D 10^4
E $4 \cdot 10^4$

15 Il seguente albero genealogico riguarda la trasmissione di un carattere monofattoriale recessivo non legato al sesso.

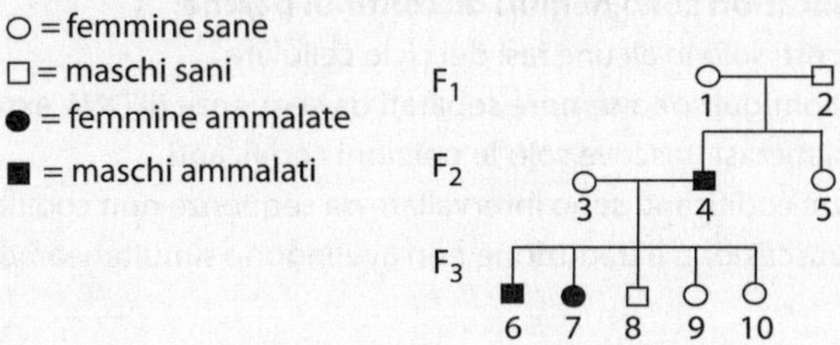

Si può dedurre che:

A il maschio della F_2 è eterozigote
B tutti gli individui della F_3 sono eterozigoti
C la figlia della F_2 è sicuramente eterozigote
D entrambi gli individui della F_1 sono omozigoti per il carattere considerato
E la moglie della F_2 è eterozigote

16 Quale/i delle affermazioni seguenti è/sono corretta/e a proposito dell'anemia falciforme?
1. È causata da carenza di ferro
2. È dovuta a mutazioni genetiche
3. È dovuta a carenza di vitamina B_{12}
4. Riguarda l'emoglobina.

A Solo 1 B Solo 1 e 3 C Solo 2 D Solo 3 e 4 E Solo 2 e 4

17 **La respirazione, secondo la reazione:**

$$C_6H_{12}O_6 + 6\ O_2 \rightarrow 6\ CO_2 + 6\ H_2O + n\ ATP$$

può essere intesa come una reazione di ossidoriduzione. Pertanto la sostanza che viene ridotta è:

- A la CO_2
- B l'acqua
- C l'ossigeno
- D il glucosio
- E l'ATP

18 **Quale/i dei seguenti elementi partecipa/ano alla risposta immunitaria specifica?**

1. Immunoglobuline
2. Linfociti T helper
3. Linfociti T killer

A Solo 2 B Solo 2 e 3 C Tutti D Solo 1 E Solo 1 e 2

19 **In base all'ipotesi degli equilibri intermittenti si può affermare che:**

- A nello studio dei reperti fossili potrebbe risultare difficile trovare forme intermedie tra due specie che si sono succedute sullo stesso territorio
- B in base alla documentazione fossile di una linea evolutiva non tutti gli organismi discendono da un antenato comune
- C i cambiamenti graduali sono la causa principale dei processi evolutivi che si svolgono in brevi periodi di tempo
- D una specie non può formarsi per deriva genetica a partire dalla linea evolutiva principale
- E una specie di organismi non può essere sostituita da un'altra in tempi relativamente brevi

20 **I geni degli eucarioti sono definiti discontinui perché:**

- A sono trascritti solo in alcune fasi del ciclo cellulare
- B due geni contigui sono sempre separati da sequenze di DNA extragenico
- C la RNA polimerasi trascrive solo le porzioni codificanti
- D le sequenze codificanti sono intervallate da sequenze non codificanti
- E le fasi di trascrizione e traduzione non avvengono simultaneamente

21 **La vescica:**

- A si trova accollata ai reni
- B fa parte dell'apparato riproduttore
- C accoglie le feci
- D riceve direttamente dal fegato sostanze derivanti dal catabolismo dei lipidi
- E è dotata di grande distensibilità

22 **In fisiologia, cosa si intende per "ultrafiltrazione"?**

- A Un processo che avviene a livello della parete capillare del glomerulo renale che non permette alle proteine plasmatiche di passare
- B Un sistema di separazione dei vari componenti di una cellula
- C Un processo che avviene a livello della parete capillare del glomerulo renale che permette alle proteine plasmatiche di passare
- D Un sistema di filtrazione che avviene a velocità elevata
- E Un processo di filtrazione che avviene a livello della membrana plasmatica

Chimica e fisica

Tempo a disposizione: 25 minuti

23 Una soluzione acquosa di glucosio a concentrazione 0,2 M può essere ottenuta:

- A dissolvendo 0,2 moli di glucosio in 2 L di acqua distillata
- B dissolvendo 0,4 moli di glucosio in 10 L di acqua distillata
- C dissolvendo 0,2 moli di glucosio in 10 L di acqua distillata
- D miscelando 1 L di acqua distillata con 1 L di una soluzione acquosa di glucosio a concentrazione 0,1 M
- E miscelando 0,4 moli di glucosio con 1 L di acqua distillata in un matraccio da 2 L, e portando successivamente a volume con acqua distillata

24 La reazione che trasforma gli alcani in alcheni è:

- A riduzione
- B deidratazione
- C deidrogenazione
- D idrogenazione
- E deprotonazione

25 Nell'isotopo radioattivo ^{14}C del carbonio sono presenti:

- A 7 protoni, 7 neutroni, 6 elettroni
- B 6 protoni, 8 neutroni, 6 elettroni
- C 7 protoni, 7 neutroni, 7 elettroni
- D 6 protoni, 7 neutroni, 7 elettroni
- E 8 protoni, 6 neutroni, 6 elettroni

26 La formula del nitrito di ammonio è:

- A NH_4NO_3
- B $NaNO_3$
- C NH_4NO_2
- D $NaNO_2$
- E $NH_4(NO_3)_2$

27 Individuare l'affermazione errata:

- A un sistema tampone può essere formato da un acido debole e il sale contenente la base coniugata dell'acido debole
- B una soluzione 0,5 M di HCl viene completamente neutralizzata da uno stesso volume di una soluzione 0,5 M di NaOH
- C in una soluzione a pH = 3 la concentrazione degli ioni H_3O^+ è 10^{-3} M
- D una soluzione con una concentrazione degli ioni H_3O^+ pari a 10^{-8} M è acida
- E una soluzione in cui la concentrazione degli ioni H_3O^+ è 10^{-6} M è meno acida di una soluzione in cui la stessa è 10^{-4} M

28 Quale delle seguenti reazioni è correttamente bilanciata stechiometricamente?

A $Al(OH)_3 + 3\ H_2SO_4 \rightarrow Al(SO_4)_3 + 6\ H_2O$
B $2\ Al(OH)_3 + 3\ H_2SO_4 \rightarrow Al_2(SO_4)_3 + 6\ H_2O$
C $2\ Al(OH)_3 + H_2SO_4 \rightarrow Al_2(SO_4) + 6\ H_2O$
D $2\ Al(OH)_3 + 2\ H_2SO_4 \rightarrow Al_2(SO_4)_2 + 6\ H_2O$
E $2\ Al(OH)_3 + H_2SO_4 \rightarrow 2\ Al(SO_4)_3 + 6\ H_2O$

29 Sapendo che il peso atomico del ferro è 55, dello zolfo è 32 e dell'ossigeno è 16 ne segue che facendo reagire 55 g di ferro con la quantità stechiometrica di acido solforico si ottengono:

A 0,1 moli di solfato ferroso
B 0,5 moli di solfato ferroso
C 1,0 moli di solfato ferroso
D 2,0 moli di solfato ferroso
E 0,33 moli di solfato ferroso

30 Secondo la teoria di Brønsted–Lowry, quale tra le seguenti coppie di sostanze corrisponde a una coppia acido–base coniugata nella reazione

$$HCOOH + H_2O \rightarrow H_3O^+ + HCOO^- \ ?$$

A $HCOOH\ ;\ H_2O$
B $HCOOH\ ;\ H_3O^+$
C $H_2O\ ;\ H_3O^+$
D $H_2O\ ;\ HCOO^-$
E $H_3O^+\ ;\ HCOO^-$

31 Per quale dei seguenti composti allo stato puro non è prevedibile l'esistenza di legami a idrogeno intermolecolari?

A $HCOOH$
B CH_3COCH_3
C $CH_3CH_2NH_2$
D NH_3
E CH_3CH_2OH

32 A temperatura costante, se la pressione si dimezza, il volume di un gas perfetto:

A rimane costante
B raddoppia
C si dimezza
D si riduce a un quarto
E quadruplica

33 Quando una molecola libera di HCl incontra una molecola libera di NH_3 per formare una molecola di NH_4Cl (cloruro d'ammonio) lo stato finale del sistema, confrontato con lo stato iniziale:

A ha energia cinetica totale uguale e quantità di moto totale minore
B ha energia cinetica totale minore e quantità di moto totale uguale
C ha energia cinetica e quantità di moto totali minori
D ha energia cinetica e quantità di moto totali maggiori
E ha energia cinetica e quantità di moto totali uguali

34 **I raggi X, come è noto, sono radiazioni molto penetranti in quanto costituiti da fotoni di alta energia. Tale potere penetrante è tanto maggiore quanto più grande è:**

- A la frequenza della radiazione
- B la carica dei fotoni
- C la lunghezza d'onda della radiazione
- D il numero dei fotoni
- E la velocità dei fotoni

35 **Considerati quattro condensatori C_1, C_2 rispettivamente di 8 μF e 12 μF in serie tra loro ed in parallelo con C_3 di 20 μF e C_4 di 5 μF, qual è la capacità equivalente del sistema?**

A 24,8 μF B 29,8 μF C 45 μF D 29,8 mF E 45 mF

36 **Un vettore avente intensità pari a 6 unità viene sommato a un vettore di intensità pari a 8 unità. L'intensità del vettore risultante sarà:**

- A esattamente 2 unità
- B esattamente 10 unità
- C esattamente 14 unità
- D 0 unità, 10 unità, o qualsiasi altro valore tra essi compreso
- E 2 unità, 14 unità, o qualsiasi altro valore tra essi compreso

37 **Una mongolfiera sta scendendo a una velocità costante di 11 m/s. Il pilota lascia cadere un sacchetto di sabbia, che impiega 7 s per cadere a terra. Qual era l'altezza del pallone quando il sacchetto di sabbia è stato lasciato cadere?**

- A 84 m
- B 168 m
- C 245 m
- D 322 m
- E 528 m

Matematica e ragionamento

Tempo a disposizione: 25 minuti

---

38 Una potenza perfetta è un numero intero che si può scrivere nella forma a^b, con a e b interi maggiori o uguali a 2. Determinare quale dei seguenti interi NON è una potenza perfetta.

A 125
B 216
C 500
D 1000
E 2500

---

39 Si considerino i numeri:

$$P = 2^{300} \quad Q = 4^{200} \quad R = 8^{100}$$

Quale delle seguenti relazioni è vera?

A $P \leq Q \leq R$
B $P \leq R \leq Q$
C $R \leq Q \leq P$
D $Q \leq P \leq R$
E $Q \leq R \leq P$

---

40 Quale dei seguenti numeri è più vicino alla radice cubica di 101?

A 5
B 10
C 11
D 33
E 34

---

41 L'immagine seguente mostra il segmento di estremi A(2;1) e B(6;3) e il suo asse (tratteggiato).

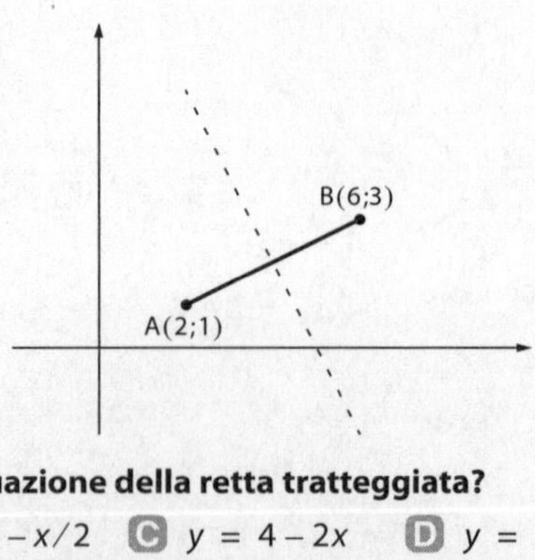

Quale delle seguenti è l'equazione della retta tratteggiata?

A $y = 2x - 10$ B $y = 4 - x/2$ C $y = 4 - 2x$ D $y = 10 - 2x$ E $y = 2x - 6$

42 **Siano dati due triangoli rettangoli simili. Se il primo ha cateti di lunghezza 3 e 4 cm, e il secondo ha area pari al quadruplo dell'area del primo, qual è la lunghezza dell'ipotenusa del secondo triangolo?**

A 5 cm B 10 cm C 20 cm D 16 cm E 12 cm

43 **Il sistema:**

$$\begin{cases} x - 7 > -x \\ x^2 - 5x > -6 \end{cases}$$

è soddisfatto da:

A tutti e soli i numeri reali strettamente minori di 2 oppure strettamente maggiori di 7/2
B tutti e soli i numeri reali strettamente maggiori di 3
C tutti e soli i numeri reali strettamente maggiori di 7/2
D tutti e soli i numeri reali strettamente compresi fra 2 e 3
E ogni numero reale

44 **Quale dei seguenti numeri ha logaritmo in base 10 strettamente compreso fra 4 e 6?**

A $10^3 + 1$
B $10^6 - 1$
C 1234
D -10^5
E -10^{-5}

45 **Come sosteneva un antico filosofo, "non tutti i tebani sono mentitori, ma tutti i tebani sono greci". Quale di queste affermazioni segue da questa premessa?**

A Esiste una persona che non è né tebano né mentitore
B Esiste un tebano che non è greco
C Esiste un mentitore che non è tebano
D Esiste una persona che non è né greco né mentitore
E Esiste un greco che non è mentitore

46 **Da un'indagine condotta in un certo quartiere, è risultato che su 100 famiglie, 60 posseggono un gatto, 40 un cane e 20 non hanno né un cane né un gatto. Quante famiglie hanno un gatto ma non un cane?**

A 40
B 30
C 50
D 20
E 10

47 **L'oro lavorato possiede il 75% di oro mentre la parte rimanente è presentata da alcuni metalli che permettono di aumentarne la rigidità e variarne il colore. La gioielleria di Tommaso è famosa per gli anelli in oro verde realizzato con il 12,5% di rame e il 12,5% di argento. Se Tommaso ha in magazzino 12 g di argento, 28 g di rame e 60 g di oro, quanti grammi di oro verde può realizzare al massimo?**

A 74 B 96 C 80 D 72 E 88

48 **Nei dadi da gioco la somma dei numeri sulle facce opposte è sempre uguale a 7. Giuseppe lancia tre dadi. Su due dei tre dadi escono i numeri 3 e 6. Quale numero sarà uscito sul terzo dado, sapendo che la somma delle tre facce a contatto del tavolo è pari a 7?**

A 1
B 5
C 3
D 4
E 6

49 **In un giorno di traffico intenso, una coda di automobili aumenta del 50% ogni ora. Dopo quante ore la lunghezza della coda è raddoppiata rispetto alla lunghezza iniziale?**

A 1,5
B 2
C 1
D 3
E Non è possibile determinarlo con i dati a disposizione

50 **Tutti i calciatori sono sportivi; Marco è sportivo; tutti gli sportivi sono educati e gioviali; tutte le persone che amano gli scacchi sono gioviali.**
Se le precedenti affermazioni sono vere, quale delle seguenti non è possibile dedurre con certezza?

A Marco è educato
B I calciatori sono gioviali
C Marco è gioviale
D I calciatori sono educati
E Marco ama gli scacchi

Soluzioni della prima prova

Alpha Test

Risposte esatte della prima prova

Verificare le risposte relative alle domande della prova simulata

	A	B	C	D	E
1					■
2			■		
3					■
4				■	
5				■	
6				■	
7				■	
8	■				
9	■				
10		■			
11					■
12		■			
13			■		
14	■				
15					■
16					■
17			■		
18			■		
19	■				
20				■	
21					■
22	■				
23					■
24			■		
25		■			
26			■		
27				■	
28		■			
29			■		
30			■		
31		■			
32		■			
33		■			
34	■				
35		■			
36					■
37				■	
38			■		
39		■			
40	■				
41				■	
42		■			
43			■		
44		■			
45					■
46	■				
47			■		
48		■			
49		■			
50					■

Prove di verifica

SECONDA PROVA

Scheda delle risposte

Alpha Test

Scheda per le risposte della seconda prova

Contrassegnare le risposte relative alle domande della prova simulata

	A	B	C	D	E		A	B	C	D	E
1						26					
2						27					
3						28					
4						29					
5						30					
6						31					
7						32					
8						33					
9						34					
10						35					
11						36					
12						37					
13						38					
14						39					
15						40					
16						41					
17						42					
18						43					
19						44					
20						45					
21						46					
22						47					
23						48					
24						49					
25						50					

SECONDA PROVA

Tempo a disposizione: 90 minuti – Tempo consigliato: 80 minuti

Comprensione del testo e conoscenze acquisite negli studi

Tempo a disposizione: 15 minuti

Leggere il brano seguente e rispondere alle relative domande.

«Il discorso scientifico tende a un linguaggio puramente formale, matematico, basato su una logica astratta, indifferente al proprio contenuto. Il discorso letterario tende a costruire un sistema di valori in cui ogni parola, ogni segno è un valore per il solo fatto di esser stato scelto e fissato sulla pagina. Non ci potrebbe essere nessuna coincidenza tra i due linguaggi, ma ci può essere (proprio per la loro estrema diversità) una sfida, una scommessa tra loro. In qualche situazione è la letteratura che può indirettamente servire da molla propulsiva per lo scienziato: come esempio di coraggio nell'immaginazione, nel portare alle estreme conseguenze un'ipotesi ecc. E così in altre situazioni può avvenire il contrario. In questo momento il modello del linguaggio matematico, della logica formale, può salvare lo scrittore dal logoramento in cui son scadute parole e immagini per il loro falso uso. Con questo lo scrittore non deve però credere d'aver trovato qualcosa di assoluto; anche qui può servirgli l'esempio della scienza: nella paziente modestia di considerare ogni risultato come facente parte di una serie forse infinita d'approssimazioni.»

Italo Calvino, *Due interviste su scienza e letteratura*, in *Una pietra sopra*, 1968

1 Individuate QUALE delle seguenti considerazioni NON È rigorosamente dedotta dal passo citato di Italo Calvino.

- A In campo letterario nessuna conquista, per quanto rilevante, deve essere considerata definitiva e assoluta
- B La logica del discorso scientifico è molto diversa da quella del discorso letterario
- C Il linguaggio scientifico e quello letterario, sostanzialmente diversi, non possono influenzarsi in modo significativo
- D In campo scientifico la ricerca non pretende di raggiungere verità definitive
- E Il modello logico-formale non può trasferirsi integralmente nel linguaggio letterario

2 **UNA SOLA delle seguenti considerazioni è logicamente dedotta dal passo riportato di Calvino: quale?**

A Il coraggio dell'immaginazione, dote propria del letterato, è sempre assolutamente necessaria anche allo scienziato

B Il modello della logica matematico-formale può rappresentare un'ancora di salvezza per il linguaggio letterario in un tempo in cui esso è usurato e scaduto

C Il discorso scientifico ha sempre bisogno di difendersi dal logoramento indotto nel linguaggio dall'uso improprio delle parole

D Il discorso scientifico è fondato su una logica puramente formale che tende a costruire un sistema di valori universali

E Il linguaggio della letteratura ha sempre bisogno del rigore caratteristico del linguaggio scientifico nel portare alle estreme conseguenze le proprie ipotesi

3 **Quale tra le seguenti danze tradizionali NON è correttamente abbinata al Paese d'origine?**

A Bharatnatyam – India

B Samba – Brazil

C Mambo – Cuba

D Haka – New Zealand

E Flamenco – Argentina

4 **«Il futuro della società dell'informazione sembra sostanzialmente dividere in due il fronte degli studiosi: da un lato gli ottimisti, dall'altro i catastrofisti, ambedue con una propria concezione di fondo circa il futuro dell'occupazione e del lavoro. Gli ottimisti leggono i fenomeni in atto nell'economia e nel mercato come i prodromi dell'avvento di una nuova società dell'oro, capace di avverare il sogno umano della fine della fatica fisica, dell'ampliamento e soddisfacimento dei bisogni ed ambiti di vita personali, consentendo la conquista del pianeta tempo, scelto e autodeterminato, e l'avvento della società dell'ozio grazie allo sviluppo della società "digitale". I catastrofisti prospettano invece un futuro desolato, di disoccupazione di massa e di impoverimento globale, in cui si allarga la divisione tra ricchi e poveri, tra classe dominante e classe esclusa».**
Dal testo sopra riportato è possibile dedurre che:

A lo sviluppo delle telecomunicazioni digitali garantisce alle imprese che operano in questo settore grosse potenzialità di crescita

B alcuni studiosi ritengono che in futuro i ricchi saranno in numero superiore rispetto ai poveri

C gli studiosi sono concordi nel ritenere che, grazie alla tecnologia dell'informazione, le differenze tra ricchi e poveri tenderanno a ridursi

D secondo alcuni studiosi, in futuro l'uomo avrà più tempo da dedicare alla propria vita extra-lavorativa

E secondo i catastrofisti, la tecnologia dell'informazione non porterà alcuna ricchezza

5 **La Società delle Nazioni, nata con la finalità di regolare le relazioni internazionali favorendo la risoluzione diplomatica delle controversie tra Stati, non è riuscita a scongiurare uno dei seguenti conflitti novecenteschi: quale?**

A La prima guerra mondiale

B La guerra in Iraq

C La seconda guerra mondiale

D La guerra arabo-israeliana

E Il conflitto tra India e Pakistan

6 **In ottemperanza al dettato della Carta costituzionale, i ministri della Repubblica italiana sono nominati:**

- A con decreto del presidente del Consiglio su proposta del presidente della Repubblica
- B con decreto del Capo dello Stato e da egli stesso controfirmato
- C con legge del Parlamento su proposta del presidente del Consiglio
- D con decreto del presidente della Repubblica su proposta del presidente del Consiglio
- E con delibera del Parlamento su proposta del presidente della Repubblica

7 **«Le vertigini provocano la sensazione che la persona, o l'ambiente circostante, si stia muovendo o stia ruotando. Questa percezione può essere lieve, oppure così forte da non consentire di mantenere l'equilibrio e di svolgere le attività quotidiane. A seconda della causa scatenante delle vertigini, possono comparire altri disturbi (sintomi), come, ad esempio, temperatura elevata, ronzio nelle orecchie (tinnito o acufene), perdita dell'udito.»**
(dal sito web dell'Istituto Superiore di Sanità: www.issalute.it)
Quale delle seguenti descrizioni dell'acufene corrisponde alle informazioni fornite dal testo?

- A Un fastidio sonoro alle orecchie sempre accompagnato da forti vertigini
- B Una sorta di vertigini episodiche che provoca febbre alta e sordità
- C Una forma di sordità legata ad una temporanea perdita dell'equilibrio
- D La percezione distorta dei rumori ambientali che suscita vertigini circolari
- E Un disturbo percepito come rumore interno al condotto uditivo

Biologia

Tempo a disposizione: 25 minuti

8 Durante la profase della 1ª divisione meiotica, quale di questi fenomeni NON avviene?
- A La membrana nucleare si dissolve
- B I cromosomi omologhi si appaiano
- C I cromosomi si allineano sul piano equatoriale della cellula
- D Il nucleolo scompare
- E I cromosomi sono ben evidenti

9 La capsula di Bowman:
- A avvolge i neuroni sensoriali
- B contiene i canali semicircolari
- C riveste le ghiandole surrenali
- D circonda l'oocita maturo
- E avvolge il glomerulo renale

10 In quale dei sottoindicati processi sono coinvolti i citocromi?
- A Sintesi di elettroni
- B Trasporto di elettroni
- C Ciclo di Krebs
- D Glicolisi
- E Sintesi di proteine

11 La trasmissione autosomica dominante relativa a una certa malattia ha come caratteristica che:
- A il carattere salterà una generazione per manifestarsi solo nei nipoti
- B il 50% dei figli di un genitore malato presenta il carattere considerato
- C si trasmette solo alle figlie femmine
- D se entrambi i genitori sono malati sicuramente tutti i figli saranno malati
- E il carattere si trasmette alle figlie femmine solo per via paterna

12 Le reazioni del ciclo di Calvin-Benson che servono a ridurre le molecole di anidride carbonica in molecole di 3-fosfoglicerato avvengono:
- A nella matrice mitocondriale
- B nelle membrane dei tilacoidi
- C nelle creste mitocondriali
- D nello stroma dei cloroplasti
- E nel citosol delle cellule vegetali

13 **Il tRNA o RNA di trasporto è un particolare tipo di RNA che ha la funzione di "interprete", cioè di tradurre in linguaggio proteico il messaggio in codice dell'mRNA. Il tRNA si differenzia dall'mRNA in quanto:**

A è costituito da una breve successione di amminoacidi e in un'ansa ripiegata contiene una speciale tripletta di basi azotate detta anticodone
B è libero di muoversi nel citoplasma e presenta una tripletta particolare, chiamata codone, complementare a una tripletta dell'mRNA, che riconosce e a cui si lega
C è costituito da un breve filamento unico di nucleotidi e presenta a una estremità un sito cui può attaccarsi un amminoacido
D viene sintetizzato nel nucleo, è più breve dell'mRNA e ha una struttura proteica
E è costituito da una catena polinucleotidica diversa per ogni tipo di tRNA, mentre i siti di attacco per gli amminoacidi sono uguali

14 **Un coniglio maschio dal pelo grigio lungo è stato accoppiato con un coniglio femmina dal pelo grigio lungo. Dall'unione sono nati 16 coniglietti con le seguenti caratteristiche: 9 con il pelo grigio lungo, 3 con il pelo grigio corto, 1 con il pelo bianco corto, 3 con il pelo bianco lungo.**
Quali sono i caratteri recessivi?

A Grigio / corto
B Bianco / corto
C Grigio / lungo
D Bianco / lungo
E Bianco / nero

15 **Per "pool genico" si intende l'insieme:**

A dei geni presenti in un individuo durante la sua vita
B delle mutazioni presenti in una popolazione
C dei caratteri di un individuo che si modificano al variare dell'ambiente
D degli individui omozigoti presenti in una popolazione
E dei geni presenti in una popolazione in un certo momento

16 **Nella donna, la meiosi a carico delle cellule germinali:**

A si completa solo dopo la fecondazione
B si svolge per intero nell'ovaio a partire dalla pubertà
C si svolge per intero nell'ovaio prima della nascita
D ha inizio al momento della maturazione del follicolo ovarico
E avviene al momento dell'immissione dello sperma nelle vie genitali femminili

17 **La fibrosi cistica o mucoviscidosi è una malattia autosomica recessiva che comporta un'eccessiva secrezione di muco, denso e vischioso, da parte dei polmoni, del pancreas, dell'intestino. La sua incidenza è di 1:2000, mentre i portatori sani sono il 5% della popolazione. Due genitori entrambi portatori del gene alterato hanno probabilità di avere un figlio affetto da mucoviscidosi pari a:**

A 2%
B 5%
C 25%
D 75%
E 0,2%

18 **Disporre le seguenti strutture di una cellula della mucosa orale in ordine di grandezza crescente (da sinistra a destra):**

1. apparato di Golgi

2. nucleo

3. ribosomi

A 1, 2, 3 B 1, 3, 2 C 2, 1, 3 D 2, 3, 1 E 3, 1, 2

19 **Lo schema rappresenta la risposta immunitaria anticorpale.**

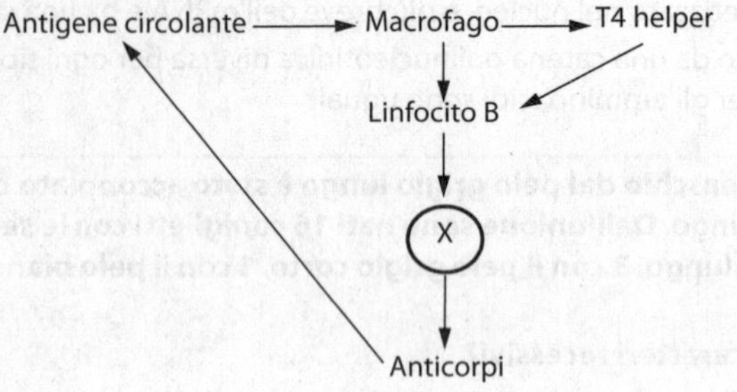

La X rappresenta:

A linfociti T8 citotossici

B linfociti T4

C timociti

D piastrine

E plasmacellule

20 **L'epiglottide è:**

A l'osso a cui si attacca la lingua

B un osso del cranio

C una ghiandola endocrina

D un osso della mano

E una cartilagine della laringe

21 **Durante lo sviluppo, dalle cellule embrionali, simili fra loro, derivano cellule differenti, per esempio cellule muscolari e cellule nervose. Qual è la causa di questo differenziamento?**

A Le cellule esprimono geni differenti

B Il DNA delle cellule è differente

C Le cellule possiedono geni differenti

D Il DNA si modifica durante lo sviluppo

E Le cellule contengono ed esprimono gli stessi geni, sostanze presenti nell'ambiente però fanno sì che le cellule si differenzino

22 **Che funzioni svolgono gli inneschi di RNA nella replicazione del DNA?**

A servono da punto di partenza per la DNA polimerasi

B individuano le origini di replicazione

C favoriscono l'avanzamento dell'elicasi

D servono da punto di chiusura per la ligasi

E permettono alle topoisomerasi di allentare le torsioni della catena nascente

Chimica e fisica

Tempo a disposizione: 25 minuti

23 Tra quelli riportati, indicare il composto più ricco d'ossigeno:

A alcano
B alcol monofunzionale
C chetone monofunzionale
D acido carbossilico monofunzionale
E aldeide monofunzionale

24 L'H_2O bolle a temperatura più alta rispetto all'H_2S perché:

A ha un peso molecolare maggiore di quello dell'H_2S
B ha un peso molecolare minore di quello dell'H_2S
C non contiene legami a ponte di idrogeno, che invece sono presenti nell'H_2S
D contiene legami a ponte di idrogeno, che invece non sono presenti nell'H_2S
E è un acido più forte dell'H_2S

25 Quali delle sostanze corrispondenti alle formule:

A) $CH_3–CH_2Cl$; B) $CH_3–CHCl_2$; C) $CH_3–CCl_3$; D) $CH_2Cl–CH_2Cl$

sono isomere tra loro?

A B e D B B e C C A e B D A e D E A e C

26 Il legame dipolo-dipolo è:

A un'interazione forte che si instaura tra due ioni di carica opposta
B un'interazione debole che si instaura tra molecole polari di acqua e gli ioni di una sostanza disciolta
C un'interazione debole che si instaura tra molecole polari
D un'interazione debole che si instaura tra molecole apolari
E un'interazione tra i poli della pila

27 Le molecole e gli ioni nell'elenco di seguito contengono azoto:

N_2 NH_4^+ NO NO_2^- N_2O_4 N_2H_4

Quale delle seguenti opzioni riporta correttamente la sequenza di molecole e ioni in ordine crescente di ossidazione dell'azoto dal più negativo al più positivo?

A NH_4^+, N_2H_4, N_2, NO, NO_2^-, N_2O_4
B NO_2^-, N_2H_4, N_2, NO, N_2O_4, NH_4^+
C NO_2^-, N_2O_4, NH_4^+, NO, N_2H_4, N_2
D N_2, NO, N_2H_4, NO_2^-, NH_4^+, N_2O_4
E N_2H_4, NH_4^+, N_2, NO, NO_2^-, N_2O_4

SECONDA PROVA

28 **In un litro di soluzione 2 M di NH_4Br (PA di Br = 80) sono contenuti:**

A 98 g di NH_4Br
B 1 mole di NH_4Br
C 196 g di NH_4Br
D 1 eq di NH_4Br
E 0,5 moli di NH_4Br

29 **Una soluzione acquosa contiene, in ogni litro, 0,0001 moli di un acido ed ha pH = 4,8. Ciò significa che l'acido contenuto nella soluzione è sicuramente:**

A inorganico
B organico
C forte
D debole
E diprotico

30 **Quanti grammi di un soluto al 2% (peso/volume) sono sciolti in 200 ml di soluzione?**

A 2 g
B 20 g
C 40 g
D 4 g
E 10 g

31 **Quale frazione di un centimetro è un micrometro?**

A La decima parte
B La centesima parte
C La millesima parte
D La decimillesima parte
E La centomillesima parte

32 **Un pallone da calcio è racchiuso in un cilindro vuoto e termicamente isolato. Da un foro accidentale l'aria, inizialmente racchiusa nel pallone, fuoriesce e si espande fino a occupare l'intero volume a disposizione. La temperatura dell'aria è cambiata durante il processo di sgonfiamento?**

A Sì, perché il suo volume è cambiato nell'espansione
B Sì, perché la sua pressione è diminuita nell'espansione
C No, perché non c'è stato scambio di calore con l'esterno
D No, perché non c'è stato scambio di lavoro con l'esterno
E No, perché la sua energia interna non è stata modificata da processi esterni

33 **In palestra utilizzate una fascia elastica per rinforzare i vostri muscoli. Supponete, con buona approssimazione, che la fascia si comporti come una molla di costante elastica K = 8 N/m. Nell'esercizio estendete la fascia di 50 cm, con una frequenza di 30 volte al minuto. Che potenza state applicando in media sulla fascia?**

A 0,125 W
B 0,25 W
C 0,5 W
D 1 W
E 2 W

34 **Quando una barra di metallo si raffredda, si contrae. Quale delle seguenti affermazioni è vera?**

A La densità e la massa aumentano
B La densità aumenta e la massa rimane costante
C La densità e la massa non variano
D La massa rimane costante e la densità diminuisce
E La densità e la massa diminuiscono

35 **Quale dei seguenti sistemi ha entropia complessiva più vicina a zero?**

A Un peso che oscilla attaccato a una molla
B Un satellite in orbita a 25.000 km dalla Terra
C L'evaporazione dell'etere a temperatura ambiente
D Un oggetto in caduta libera quando ha raggiunto la velocità limite
E Un oggetto di metallo che viene rapidamente caricato

36 **Il teorema di Bernoulli afferma che la pressione all'interno di un liquido aumenta all'aumentare della profondità:**

A vero
B falso
C vero solo se il condotto è ad asse orizzontale
D vero solo se il condotto è a sezione costante
E vero solo se il condotto è privo di attrito

37 **In una camera a vuoto vengono lasciati cadere, da una distanza di 1 metro dal suolo e nello stesso istante, due oggetti di volume e massa diversi. Si può affermare che:**

A l'oggetto di massa maggiore tocca il suolo per primo
B l'oggetto di massa minore tocca il suolo per primo
C l'oggetto di volume maggiore tocca il suolo per primo
D l'oggetto di volume minore tocca il suolo per primo
E i due oggetti toccano il suolo contemporaneamente

Matematica e ragionamento

SECONDA PROVA

Tempo a disposizione: 25 minuti

---

38 **Determinare quale dei seguenti numeri coincide con $\frac{1}{\sqrt{2}} + \frac{1}{\sqrt{2}} + \frac{1}{\sqrt{2}} + \frac{1}{\sqrt{2}}$**

A 2 B $\frac{1}{2}$ C $\sqrt{8}$ D $\frac{4}{4\sqrt{2}}$ E $\frac{1}{4\sqrt{2}}$

---

39 **Nell'insieme dei numeri reali la disequazione $|2x + 2| \leq 4$ è verificata per:**

A $1 \leq x \leq 3$
B $-2 \leq x \leq 2$
C $-3 \leq x \leq 1$
D $-1 \leq x \leq 3$
E $-2 < x \leq 0$

---

40 **Indicare tutti e soli i valori del parametro reale *a* per i quali il seguente sistema ammette soluzioni reali nelle incognite *x* e *y*.**

$$\begin{cases} 2^x + 3^y = a \\ 2^x - 3^y = 1 \end{cases}$$

A $a > -1$
B $a \geq -1$
C $a \geq 1$
D $a > 1$
E ogni valore di a

---

41 **Quale dei seguenti numeri può essere espresso come il prodotto di tre interi diversi e maggiori di 1?**

I. 24
II. 27
III. 48

A Solo I e III B Solo I e II C I, II e III D Solo I E Solo III

---

42 **La media aritmetica di tre numeri *a*, *b*, *c* è 8.**
Quanto vale la media aritmetica dei quattro numeri $a + 1$, $b + 2$, $c + 6$, 3.

A 5 B 7 C 9 D 11 E 27

---

43 **Il rapporto tra i volumi di due cubi è 4. Qual è il rapporto tra le loro superfici?**

A 2 B 4 C $4^{1/3}$ D $4^{2/3}$ E $2^{3/2}$

44 **A quale frazione dell'area totale corrisponde l'area della parte colorata in figura?**

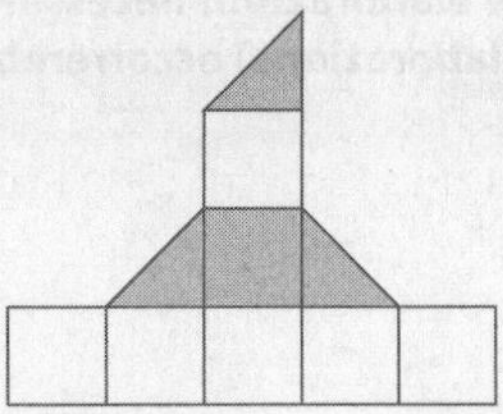

A 1/9 B 5/17 C 4/10 D 3/17 E 2/9

45 **Stephanie deve raggiungere i colleghi che partecipano a un meeting in una località inglese. Giunta all'aeroporto di Londra decide di prendere a noleggio una macchina. La benzina in Inghilterra costa 3 sterline al gallone. Si sa che:**

- **l'aeroporto e la località da raggiungere distano tra loro 375 km;**
- **ogni gallone equivale a 3,75 litri di benzina;**
- **una sterlina vale 1,25 euro;**
- **la macchina consuma 1 litro di benzina ogni 25 km.**

Quale sarà la spesa sostenuta da Stephanie per la benzina necessaria per il viaggio di andata e ritorno?

A 15 euro
B 10 euro
C 40 euro
D 35 euro
E 30 euro

46 **La seguente tabella mostra i voti ottenuti in due seggi dai tre candidati che hanno preso parte a un'elezione.**

	Seggio 1	Seggio 2
Bianchi	200	500
Rossi	300	400
Verdi	700	700

Quale di queste affermazioni è vera?

A Verdi ha ottenuto in percentuale più voti nel seggio 2 che nel seggio 1
B Bianchi ha ottenuto in percentuale più voti nel seggio 1 che nel seggio 2
C Rossi ha ottenuto in percentuale più voti nel seggio 2 che nel seggio 1
D Rossi ha ottenuto in percentuale più voti nel seggio 1 che nel seggio 2
E Verdi ha ottenuto in percentuale più voti nel seggio 1 che nel seggio 2

47 **Marianna dice a Simona: "Se mi dai 5 euro, avrò il doppio dei tuoi soldi". Simona risponde: "Se mi dai tu 5 euro, avremo gli stessi soldi". Quanti euro hanno rispettivamente Marianna e Simona?**

A 40 e 35
B 15 e 10
C 35 e 25
D 25 e 20
E 20 e 30

48 **Per l'analisi dei dati provenienti da un satellite, l'Agenzia Spaziale utilizza un computer che per effettuare tutte le elaborazioni necessarie impiega tre giorni. Quanti computer (con la stessa velocità di elaborazione) occorrerebbe aggiungere per completare lo stesso lavoro in mezza giornata?**

A 8
B 3
C 5
D 6
E 4

49 **Il mese scorso Paola ha utilizzato il 40% del proprio stipendio per sostenere varie spese. Di queste spese il 30% era il canone d'affitto di una camera, che è di 300 euro. Qual è stato l'importo in euro dello stipendio di Paola dello scorso mese?**

A 1400
B 1000
C 2500
D 2100
E 3600

50 **Il personale di un ufficio sbriga in una giornata lavorativa 200 pratiche. In un certo giorno l'organico dell'ufficio, a causa di ferie e malattie, è ridotto del 20%. Quante pratiche verranno sbrigate quel giorno nell'ufficio?**

A 80
B 240
C 200
D 180
E 160

Soluzioni della seconda prova

Alpha Test

Risposte esatte della seconda prova

Verificare le risposte relative alle domande della prova simulata

	A	B	C	D	E		A	B	C	D	E
1			■			26			■		
2		■				27	■				
3					■	28			■		
4				■		29				■	
5			■			30				■	
6				■		31				■	
7					■	32					■
8			■			33			■		
9					■	34		■			
10		■				35		■			
11		■				36		■			
12				■		37					■
13			■			38			■		
14		■				39			■		
15					■	40				■	
16	■					41	■				
17			■			42			■		
18					■	43				■	
19					■	44		■			
20					■	45					■
21	■					46					■
22	■					47			■		
23				■		48			■		
24				■		49			■		
25	■					50					■

Prove di verifica

TERZA PROVA

Scheda delle risposte

Alpha Test

Scheda per le risposte della terza prova

Contrassegnare le risposte relative alle domande della prova simulata

	A	B	C	D	E		A	B	C	D	E
1	▢	▢	▢	▢	▢	26	▢	▢	▢	▢	▢
2	▢	▢	▢	▢	▢	27	▢	▢	▢	▢	▢
3	▢	▢	▢	▢	▢	28	▢	▢	▢	▢	▢
4	▢	▢	▢	▢	▢	29	▢	▢	▢	▢	▢
5	▢	▢	▢	▢	▢	30	▢	▢	▢	▢	▢
6	▢	▢	▢	▢	▢	31	▢	▢	▢	▢	▢
7	▢	▢	▢	▢	▢	32	▢	▢	▢	▢	▢
8	▢	▢	▢	▢	▢	33	▢	▢	▢	▢	▢
9	▢	▢	▢	▢	▢	34	▢	▢	▢	▢	▢
10	▢	▢	▢	▢	▢	35	▢	▢	▢	▢	▢
11	▢	▢	▢	▢	▢	36	▢	▢	▢	▢	▢
12	▢	▢	▢	▢	▢	37	▢	▢	▢	▢	▢
13	▢	▢	▢	▢	▢	38	▢	▢	▢	▢	▢
14	▢	▢	▢	▢	▢	39	▢	▢	▢	▢	▢
15	▢	▢	▢	▢	▢	40	▢	▢	▢	▢	▢
16	▢	▢	▢	▢	▢	41	▢	▢	▢	▢	▢
17	▢	▢	▢	▢	▢	42	▢	▢	▢	▢	▢
18	▢	▢	▢	▢	▢	43	▢	▢	▢	▢	▢
19	▢	▢	▢	▢	▢	44	▢	▢	▢	▢	▢
20	▢	▢	▢	▢	▢	45	▢	▢	▢	▢	▢
21	▢	▢	▢	▢	▢	46	▢	▢	▢	▢	▢
22	▢	▢	▢	▢	▢	47	▢	▢	▢	▢	▢
23	▢	▢	▢	▢	▢	48	▢	▢	▢	▢	▢
24	▢	▢	▢	▢	▢	49	▢	▢	▢	▢	▢
25	▢	▢	▢	▢	▢	50	▢	▢	▢	▢	▢

TERZA PROVA

Tempo a disposizione: 90 minuti – Tempo consigliato: 80 minuti

Comprensione del testo e conoscenze acquisite negli studi

Tempo a disposizione: 15 minuti

1 **«Un altro elemento che caratterizza lo scenario formativo attuale è l'evoluzione del dibattito sulla formazione continua. Non è da oggi che si sostiene la necessità di rafforzare questo versante del sistema formativo, che fino a oggi rimane molto debole, come mostrano le ultime ricerche effettuate. In questi ultimi anni l'Unione europea, attraverso il Fondo sociale ed i programmi destinati a questa funzione, sta dando un importante impulso alla crescita di questo segmento del sistema formativo. Le risorse per il momento disponibili, 300 miliardi, costituiscono un rilevante passo in avanti rispetto al passato, ma nella prospettiva di un funzionamento a regime appaiono sicuramente scarse.**

Non mancano ovviamente le preoccupazioni sul peso che ha finora avuto l'utilizzazione della formazione sui lavoratori adulti come ammortizzatore di crisi industriali e conseguenti esuberi occupazionali: la formazione continua può anche interessare i soggetti che perdono lavoro, ma occorre possibilmente affrontare adeguatamente il problema della riqualificazione continua degli occupati, con finalità di manutenzione costante delle competenze professionali».

Una sola delle seguenti affermazioni è deducibile dal testo sopra riportato. Quale?

- **A** Recenti ricerche hanno dimostrato che la formazione continua non si è adeguatamente sviluppata a causa delle crisi industriali
- **B** Il settore della formazione è in crescita, anche se i finanziamenti dell'Unione europea diminuiscono di anno in anno
- **C** L'obiettivo primario della formazione continua è quello della riqualificazione e aggiornamento dei lavoratori
- **D** La formazione permanente ha lo scopo di migliorare le attitudini a svolgere un determinato lavoro di alcune categorie di lavoratori, come per esempio gli insegnanti
- **E** Tutti i lavoratori che non aggiornano le proprie competenze professionali attraverso una formazione continua perderanno presto il lavoro

2 **Individuare la parola o i gruppi di parole che completano correttamente la frase seguente.**

"Il modello atomico di __________ prevede un nucleo centrale costituito da cariche elementari ____________ dette protoni e particelle neutre dette neutroni; intorno al nucleo ruotano gli ____________".

A Heisenberg / sferiche / isotopi

B Rutherford / positive / elettroni

C Bohr / negative / orbitali

D Pauli / positive / elettrodi

E Einstein / neutre / elettroni

TERZA PROVA

3 **«Il futuro della società dell'informazione sembra sostanzialmente dividere in due il fronte degli studiosi: da un lato gli ottimisti, dall'altro i catastrofisti, ambedue con una propria concezione di fondo circa il futuro dell'occupazione e del lavoro. Gli ottimisti leggono i fenomeni in atto nell'economia e nel mercato come i prodromi dell'avvento di una nuova società dell'oro, capace di avverare il sogno umano della fine della fatica fisica, dell'ampliamento e soddisfacimento dei bisogni ed ambiti di vita personali, consentendo la conquista del pianeta tempo, scelto e autodeterminato, e l'avvento della società dell'ozio grazie allo sviluppo della società "digitale". I catastrofisti prospettano invece un futuro desolato, di disoccupazione di massa e di impoverimento globale, in cui si allarga la divisione tra ricchi e poveri, tra classe dominante e classe esclusa».**

Dal testo sopra riportato è possibile dedurre che:

A lo sviluppo delle telecomunicazioni digitali garantisce alle imprese che operano in questo settore grosse potenzialità di crescita

B alcuni studiosi ritengono che in futuro i ricchi saranno in numero superiore rispetto ai poveri

C gli studiosi sono concordi nel ritenere che, grazie alla tecnologia dell'informazione, le differenze tra ricchi e poveri tenderanno a ridursi

D secondo alcuni studiosi, in futuro l'uomo avrà più tempo da dedicare alla propria vita extralavorativa

E secondo i catastrofisti, la tecnologia dell'informazione non porterà alcuna ricchezza

4 **Quale tra i seguenti romanzi statunitensi vinse il Premio Pulitzer per la letteratura nel 1953?**

A "Il Grande Gatsby" di Francis Scott Fitzgerald

B "Il giovane Holden" di J. D. Salinger

C "Il vecchio e il mare" di Ernest Hemingway

D "Sulla strada" di Jack Kerouac

E "Moby Dick" di Herman Melville

5 **Il XX secolo ha visto realizzarsi una progressiva affermazione su scala planetaria della scienza grazie a una serie di eccezionali studiosi noti anche ai non specialisti. Quale tra i seguenti abbinamenti studioso/campo di studi NON è corretto?**

A Hans Jonas/Medicina

B John Maynard Keynes/Economia

C Maria Montessori/Pedagogia

D B.F. Skinner/Psicologia

E Max Plank/Fisica

6 **"La Corte costituzionale è il più xxx tra gli organi costituzionali della Repubblica: "nata" con la Costituzione del 1948, ha cominciato a funzionare nel 1956. Sotto il profilo della tradizione istituzionale, essa non può, perciò, reggere il confronto né con le Camere del Parlamento, né con il Governo e neppure con il Presidente della Repubblica ("Capo dello Stato", come in xxx il Re).**

Essendo, peraltro, del tutto estranea allo schema della "separazione dei poteri" e, anzi, in certo modo, mettendolo vistosamente in discussione, essa presenta una fisionomia tratteggiabile soprattutto in xxx, con caratteri e peculiarità di tipo differenziale.

La Corte è, infatti, in primo luogo, un "giudice", e tuttavia non appartiene all'ordine giudiziario; è un organo di "giustizia", ma non, in senso stretto, di "giurisdizione" (non "dice" il diritto, ma piuttosto lo "giudica"); è, per la sua stessa composizione, un organo, in certo senso, "professionale" (di competenti), ma non "burocratico"; segue, nei suoi xxx, forme procedurali assimilabili a quelle dei giudizi "comuni", ma con regole e contenuti a questi non comparabili". (da /www.cortecostituzionale.it)

Completa correttamente le lacune del testo.

- A giovane; passato; positivo; dispositivi
- B importante; seguito; passivo; consigli
- C giovane; precedenza; negativo; processi
- D compiuto; antichità; rilievo; avanzamenti
- E giovane; futuro; sintesi; giudizi

7 **Fondata a San Francisco nel 1945, l'Organizzazione delle Nazioni Unite ha sede a New York e raggruppa 193 Paesi. La sua struttura istituzionale conta sei organi principali e diverse agenzie specializzate. Quale tra i seguenti non è un organo dell'ONU?**

- A L'Assemblea generale
- B Il Consiglio di Sicurezza
- C Il Segretariato
- D La Banca centrale
- E Il Consiglio economico e sociale

TERZA PROVA

Biologia

Tempo a disposizione: 25 minuti

8 Quale sostanza necessaria alla fotosintesi di una pianta è ricavata direttamente dall'atmosfera?

A) Diossido di carbonio
B) Ossigeno
C) Azoto
D) Idrogeno
E) Acqua

9 Nelle cellule eucariotiche, il trascritto primario di mRNA (o pre-mRNA):

A) contiene sia introni sia esoni
B) può essere immediatamente tradotto in proteina
C) viene prodotto dalla DNA polimerasi
D) può uscire dal nucleo non appena è stato sintetizzato
E) è presente nel citoplasma

10 Dall'interpretazione della figura:

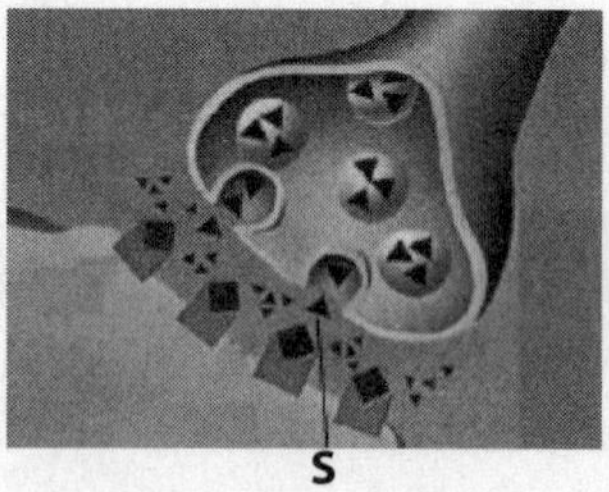

si può dedurre che il triangolo indicato con la lettera S corrisponde a:

A) ioni calcio
B) un mitocondrio
C) un neurotrasmettitore
D) ioni sodio
E) molecole di acqua

11 Quale delle seguenti alternative meglio descrive la funzione dell'ATP?

A) È l'organulo cellulare in cui viene immagazzinato l'ossigeno e per questo motivo è una riserva di energia per la cellula
B) È la molecola in cui viene immagazzinata l'energia a livello cellulare
C) È la molecola che serve a trasportare gli elettroni che partecipano alla catena di trasporto, liberando grandi quantità di energia
D) È una molecola che consente esclusivamente il funzionamento delle pompe per il trasporto attivo attraverso la membrana cellulare
E) Nessuna delle altre alternative è corretta

TERZA PROVA

12 **In un tipo di pianta il carattere "fiore rosso" (R) è dominante rispetto al carattere "fiore giallo" (r). Una pianta a fiori rossi, selezionata per molte generazioni, viene incrociata con una pianta a fiori gialli, pure selezionata per molte generazioni. Quali saranno i possibili risultati di tale incrocio?**

A Tutte piante a fiori gialli
B 50% di piante a fiori gialli e 50% di piante a fiori rossi
C 75% di piante a fiori rossi e 25% di piante a fiori gialli
D 75% di piante a fiori gialli e 25% di piante a fiori rossi
E Tutte piante a fiori rossi

13 **Se in una popolazione 40 persone su 100 hanno gruppo 0 (zero) e 10 su 100 hanno fattore Rh negativo, quale sarà la probabilità di trovare un donatore universale (0, Rh negativo)?**

A 50% B 4% C 25% D 10% E 0,4%

14 **Il daltonismo è una malattia ereditaria recessiva legata al cromosoma X; i figli maschi di una coppia di genitori in cui la madre è portatrice sana e il padre è sano hanno una probabilità di essere ammalati pari a:**

A 100% B 75% C 25% D 50% E 0%

15 **La pellagra è causata da una carenza di:**

A acido nicotinico
B vitamina K
C acido folico
D vitamina A
E vitamina C

16 **Per un organismo con numero aploide n = 10 si può affermare che:**

A gli autosomi delle sue cellule somatiche sono 10
B i suoi gameti possiedono 10 cromosomi
C le sue cellule nervose possiedono 10 cromosomi
D li suoi gameti possiedono 10 autosomi
E le sue cellule somatiche possiedono 20 autosomi

17 **La figura rappresenta l'albero genealogico che riguarda l'ereditarietà dei gruppi sanguigni in una famiglia.**

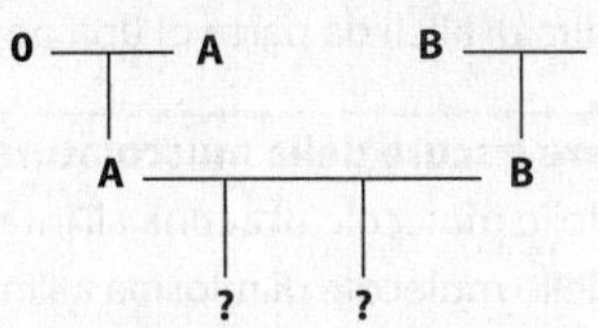

Quali potranno essere i gruppi sanguigni dei nipoti?

A Sicuramente A
B Sicuramente B
C Sicuramente 0
D Solo AB
E A, B, AB e 0

18 Quale/i dei seguenti vasi sanguigni trasporta/no sangue povero di ossigeno?

1. Arteria polmonare

2. Vena polmonare

3. Arteria aorta

4. Vena renale

A Solo 1 e 3 B Solo 1 e 4 C Solo 2 e 4 D Solo 2 e 3 E Solo 4

19 Le cellule procariote ed eucariote possono entrambe avere:

1. Guanina

2. Ribosomi

3. Flagelli

A Tutte B Solo 1 e 2 C Solo 1 e 3 D Solo 2 e 3 E Solo 2

20 In una cellula sessuale, che ancora non ha subito la meiosi, una coppia di cromosomi omologhi porta due geni su loci lontani tra loro, come in figura. I gameti che ne deriveranno potrebbero essere:

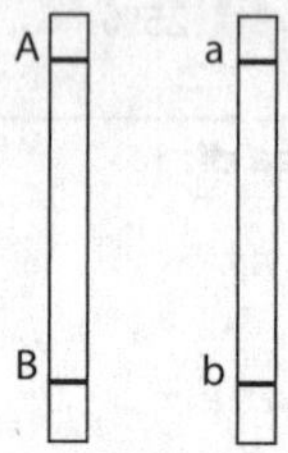

A di 2 tipi

B di 4 tipi

C di 1 tipo

D tutti eterozigoti

E tutti omozigoti

21 Che cos'è la deriva genetica?

A Un cambiamento casuale nel pool genico di una popolazione

B Il successo riproduttivo di una specie su un'altra

C La generazione di nuovi alleli dovuta a mutazione

D La perdita di geni dovuta ad accoppiamento non casuale

E L'acquisizione o la perdita di alleli da parte di una popolazione in seguito a migrazione

22 La striatura in bande chiare e scure della muscolatura scheletrica è dovuta alla:

A disposizione spaziale delle molecole di actina all'interno del sarcomero

B disposizione spaziale delle molecole di miosina all'interno del sarcomero

C costanza della distanza compresa tra le linee Z del sarcomero

D variabilità periodica della distanza compresa tra le linee Z del sarcomero

E disposizione spaziale delle molecole di actina e miosina all'interno del sarcomero

Chimica e fisica

Tempo a disposizione: 25 minuti

23 Qual è il corretto bilanciamento per $Cl_2 + KOH \rightarrow KCl + KClO + H_2O$?

A $Cl_2 + KOH \rightarrow 2\,KCl + 4\,KClO + H_2O$
B $3\,Cl_2 + 2\,KOH \rightarrow KCl + 2\,KClO + 2\,H_2O$
C $Cl_2 + 2\,KOH \rightarrow KCl + KClO + H_2O$
D $Cl_2 + 3\,KOH \rightarrow 2\,KCl + KClO + 2\,H_2O$
E $2\,Cl_2 + KOH \rightarrow KCl + 3\,KClO + H_2O$

24 È possibile neutralizzare 25 mL di soluzione 0,04 M di KOH utilizzando:

A 10 mL di soluzione di HCl 0,02M
B 25 mL di soluzione di H_2SO_4 0,04M
C 50 mL di soluzione di H_2SO_4 0,04M
D 50 mL di soluzione di HCl 0,01M
E 50 mL di soluzione di H_2SO_4 0,01M

25 Qual è la concentrazione molare di un litro di soluzione acquosa contenente 3,6 g di fruttosio ($C_6H_{12}O_6$)?

A 0,5 N
B 0,05 M
C 0,05 m
D 0,02 M
E 0,2 m

26 In un periodo del sistema periodico, dal gruppo 1 al gruppo 17, le proprietà metalliche degli elementi:

A aumentano
B aumentano nei periodi dal secondo al quarto, diminuiscono negli altri periodi
C diminuiscono nei periodi dal secondo al quarto, aumentano negli altri periodi
D diminuiscono, salvo che nel II periodo, dove restano praticamente costanti
E diminuiscono

27 Indicare la configurazione elettronica possibile per l'elemento M che dà facilmente lo ione M^+:

A $1s^2\,2s^2\,2p^6\,3s^1$
B $1s^2\,2s^2\,2p^5$
C $1s^2\,2s^2\,2p^6\,3s^2$
D $1s^2\,2s^2\,2p^6$
E $2s^2$

28 **Nell'equilibrio $NH_3 + H_2O \rightarrow NH_4^+ + OH^-$, le specie chimiche che si comportano da basi secondo Brønsted-Lowry sono:**

A NH_3, NH_4^+

B H_2O, NH_4^+, OH^-

C H_2O, OH^-

D H_2O, NH_4^+

E NH_3, OH^-

29 **Che cosa sono gli enantiomeri?**

A Isomeri geometrici

B Isomeri ottici che non sono l'uno l'immagine speculare dell'altro

C Isomeri ottici che sono l'uno l'immagine speculare dell'altro

D Isomeri conformazionali

E Isomeri strutturali senza particolari proprietà

30 **L'acqua può bollire a 70 °C?**

A Sì, quando se ne scalda una quantità piccolissima

B Sì, aumentando la pressione del sistema

C Sì, diminuendo la pressione del sistema

D No, l'acqua bolle solamente a 100 °C

E No, l'acqua può bollire anche a temperature diverse, ma sempre maggiori di 100 °C

31 **La velocità di una reazione chimica:**

A è sempre indipendente dalle concentrazioni dei reagenti

B può dipendere dalla concentrazione di uno o più reagenti

C è determinata dal valore della costante di equilibrio della reazione

D dipende sempre dalle concentrazioni del reagente presente in minor quantità

E dipende dalla concentrazione di prodotti che si accumulano

32 **Un tram sta viaggiando lungo dei binari dritti e orizzontali ad una velocità di 12,0 $m\ s^{-1}$ quando vengono attivati i freni. A causa di questo, il tram decelera con un tasso costante di 1,50 ms^{-2} fino a fermarsi.**
Qual è la distanza percorsa dal tram nel tempo totale in cui ha decelerato?

A 18,0 m

B 48,0 m

C 96,0 m

D 108,0 m

E 216,0 m

33 **Si definisce peso specifico relativo di una sostanza:**

A la massa dell'unità di volume della sostanza

B il rapporto tra la massa della sostanza e la massa di una generica sostanza presa come riferimento (alla temperatura di 273 K)

C il prodotto tra la densità assoluta e l'accelerazione di gravità

D il rapporto tra il peso della sostanza e il peso di un uguale volume di acqua distillata a 4 °C

E il rapporto tra il peso specifico e l'accelerazione di gravità

34 **Il volume di una data massa di un gas ideale viene trasformato adiabaticamente. Quale tra le seguenti affermazioni riguardanti questa trasformazione deve essere vera?**

A La pressione NON cambia
B La variazione di temperatura assoluta è direttamente proporzionale alla variazione di pressione
C La variazione di volume è istantanea
D NON vi è alcuno scambio di energia termica con l'ambiente circostante
E La temperatura assoluta NON cambia

35 **Una carica puntiforme q_0 è posta a distanza r da un'altra carica puntiforme q e ha una energia potenziale elettrostatica $W = 8 \cdot 10^{-5}$ J. Se la carica q_0 viene lasciata libera, quando si trova a distanza $2r$ da q ha acquistato una energia cinetica E pari a:**

A $E = 4 \cdot 10^{-5}$ J
B $E = 2 \cdot 10^{-5}$ J
C $E = 8 \cdot 10^{-5}$ J
D $E = 16 \cdot 10^{-5}$ J
E $E = 4 \cdot 10^{-10}$ J

36 **Nella formula di Einstein $E = mc^2$ uno studente inserisce il valore m della massa in grammi. Se per la velocità della luce usa il valore $c = 3 \times 10^8$ ms^{-1}, in quale unità di misura è espressa l'energia E?**

A µJ
B mJ
C J
D kJ
E MJ

37 **Un canguro, saltando, riesce a superare un ostacolo alto 2,5 m. Qual è il valore minimo che deve avere la componente verticale della sua velocità, quando spicca il salto?**

A 2,5 m/s
B 5 m/s
C 7 m/s
D 10 m/s
E 24,5 m/s

Matematica e ragionamento

TERZA PROVA

Tempo a disposizione: 25 minuti

38 **La differenza tra le aree di due quadrati è 81 e la differenza tra i loro perimetri è 12. Quanto è lungo il lato del quadrato più grande?**

- A 10
- B 15
- C 18
- D 20
- E 21

39 **Quale delle seguenti relazioni è un'identità?**

- A $\cos(2x) = 2\cos(x)$
- B $\cos(x + y) = \cos(x) + \cos(y)$
- C $\text{sen}(2x) = 2\,\text{sen}(x)\cos(x)$
- D $\text{sen}(x - y) = \text{sen}(x) - \text{sen}(y)$
- E $\text{sen}(x + y) = 2\,\text{sen}(x)\cos(y)$

40 **L'equazione $x^2 - 9 = -3y^2$ rappresenta:**

- A un'iperbole
- B una circonferenza
- C un'ellisse
- D una parabola
- E una retta

41 **Un gruppo è costituito da 20 maschi con età media pari a 25 anni e da 10 femmine con età media pari a 37 anni. Qual è l'età media dell'intero gruppo?**

A 27 anni B 28 anni C 29 anni D 30 anni E 31 anni

42 **Data l'equazione $2x^2 + bx + c = 0$, qual è la coppia di valori di b e c che produce le soluzioni 11 e 3?**

- A $b = -28$, $c = -33$
- B $b = 14$, $c = -66$
- C $b = -28$, $c = 66$
- D $b = -7$, $c = \frac{33}{2}$
- E $b = 14$, $c = -33$

43 **Il logaritmo *L* in base 10 di 12345,6 è uguale a:**

A $L = 1 - \log_{10} 123456$

B $L = 2 - \log_{10} 12345{,}6$

C $L = -2 + \log_{10} 123456$

D $L = -1 + \log_{10} 123456$

E $L = -2 - \log_{10} 123456$

44 **Data la funzione $f(x) = \sqrt{|x| + 3x - 1}$, $f(2x)$ vale:**

A $\sqrt{2|x| + 6x - 2}$

B $\sqrt{2|x| + 6x - 1}$

C $2\sqrt{|x| + 3x - 1}$

D $\sqrt{|2x| + 3x - 1}$

E $2\sqrt{2|x| + 6x - 1}$

45 **Nel suo primo anno di studi Lucio ha superato 7 esami con un voto medio di 25; nel suo secondo anno ha superato 3 esami con un voto medio di 27. Qual è il voto medio di tutti gli esami superati da Lucio nei due anni?**

A 26

B 26,2

C 25,5

D 25,25

E 25,6

46 **Se:**

@ + @ = § + § + § e # = @ + § + §

quale/i delle seguenti relazioni è/sono FALSA/E?

R_1: # + @ = § + § +§ + § + §

R_2: § + @ = #

R_3: § + # = @ + @ + @

A Nessuna B Solo R_1 C Solo R_2 D R_1 e R_3 E R_2 e R_3

47 **In un esame il punteggio finale può essere un qualunque numero intero compreso tra 0 e 180 (estremi compresi). Per essere promossi bisogna ottenere almeno il 45% del punteggio massimo ammissibile. Qual è il punteggio massimo che può aver ottenuto un alunno bocciato?**

A 40

B 90

C 100

D 70

E 80

TERZA PROVA

48 **Chiamiamo un numero intero positivo "sbilanciato" se ogni sua cifra, esclusa quella delle unità, è maggiore del doppio della cifra immediatamente alla sua destra. Per esempio, 830 è sbilanciato, mentre 631 non lo è, perché la cifra 6 non è maggiore del doppio di 3. Quanti sono i numeri sbilanciati di 4 cifre?**

A 4
B 2
C 3
D Meno di 2
E Più di 4

49 **Se il valore di un'azione in borsa è sceso del 10% in un giorno ed è salito del 10% il giorno successivo, quale variazione percentuale dovrà registrare ora per tornare al valore di partenza?**

A Un aumento pari al 10%
B Nessuna variazione perché è già tornato al valore di partenza
C Un aumento di poco superiore all'1%
D Non è possibile stabilirlo perché dipende dal valore di partenza dell'azione
E Un aumento pari al 15%

50 **Se in un certo lotto di produzione due lampadine su mille sono difettose, quante non lo sono su duemilacinquecento lampadine provenienti dal medesimo lotto?**

A 500
B 2495
C 1245
D 5
E 1500

Soluzioni della terza prova

Alpha Test

Risposte esatte della terza prova

Verificare le risposte relative alle domande della prova simulata

	A	B	C	D	E
1	□	□	■	□	□
2	□	■	□	□	□
3	□	□	□	■	□
4	□	□	■	□	□
5	■	□	□	□	□
6	□	□	■	□	□
7	□	□	□	■	□
8	■	□	□	□	□
9	■	□	□	□	□
10	□	□	■	□	□
11	□	■	□	□	□
12	□	□	□	□	■
13	□	■	□	□	□
14	□	□	□	■	□
15	■	□	□	□	□
16	□	■	□	□	□
17	□	□	□	□	■
18	□	■	□	□	□
19	■	□	□	□	□
20	□	■	□	□	□
21	■	□	□	□	□
22	□	□	□	□	■
23	□	□	■	□	□
24	□	□	□	□	■
25	□	□	□	■	□

	A	B	C	D	E
26	□	□	□	□	■
27	■	□	□	□	□
28	□	□	□	□	■
29	□	■	□	□	□
30	□	□	■	□	□
31	□	■	□	□	□
32	□	■	□	□	□
33	□	□	□	■	□
34	□	□	□	■	□
35	■	□	□	□	□
36	□	■	□	□	□
37	□	□	■	□	□
38	□	■	□	□	□
39	□	□	■	□	□
40	□	□	■	□	□
41	□	□	■	□	□
42	□	□	■	□	□
43	□	□	□	■	□
44	□	■	□	□	□
45	□	□	□	□	■
46	□	□	■	□	□
47	□	□	□	□	■
48	■	□	□	□	□
49	□	□	■	□	□
50	□	■	□	□	□

Prove di verifica

QUARTA PROVA

Scheda delle risposte

Alpha Test

Scheda per le risposte della quarta prova

Contrassegnare le risposte relative alle domande della prova simulata

	A	B	C	D	E		A	B	C	D	E
1						26					
2						27					
3						28					
4						29					
5						30					
6						31					
7						32					
8						33					
9						34					
10						35					
11						36					
12						37					
13						38					
14						39					
15						40					
16						41					
17						42					
18						43					
19						44					
20						45					
21						46					
22						47					
23						48					
24						49					
25						50					

QUARTA PROVA

Tempo a disposizione: 90 minuti – Tempo consigliato: 80 minuti

Comprensione del testo e conoscenze acquisite negli studi

Tempo a disposizione: 15 minuti

---

1 **«I proprietari di automobili con la stessa potenza (kW) pagano il medesimo importo di bollo auto, indipendentemente dai chilometri percorsi. Non è giusto che chi percorre solo 1000 km all'anno paghi quanto chi ne percorre 20.000. Il bollo dovrebbe essere abolito e questa entrata fiscale andrebbe sostituita con un incremento dell'imposta sul carburante. In tal modo, gli automobilisti che percorrono più chilometri pagherebbero di più. Si otterrebbe così non solo un sistema più equo, ma anche un probabile aumento delle entrate fiscali».**

Quale delle seguenti affermazioni esprime il messaggio principale del brano precedente?

- **A** Un'imposta sul carburante più elevata porterebbe maggiori entrate fiscali rispetto all'attuale bollo
- **B** Gli automobilisti dovrebbero pagare importi differenziati di bollo auto in base ai chilometri percorsi
- **C** Il bollo auto andrebbe sostituito con un incremento dell'imposta sul carburante
- **D** Tutti dovrebbero continuare a pagare lo stesso importo di bollo auto a parità di kW
- **E** L'aumento dell'imposta sul carburante farebbe in modo che gli automobilisti che percorrono più chilometri paghino di più

---

2 **L'opera (*Concetto spaziale – Attese*, 1964) ha l'aspetto di una serie di tagli netti inferti alla tela perpendicolarmente e obliquamente; piuttosto che a un'intenzione distruttiva paiono obbedire a una sensibilità nuova nei confronti dello spazio e della luce.**

Ne siamo debitori a UNO dei seguenti artisti: quale?

- **A** Alberto Burri
- **B** Emilio Vedova
- **C** Piero Manzoni
- **D** Lucio Fontana
- **E** Giuseppe Capogrossi

3 **Si teme che gli antichi relitti nel Mediterraneo vengano danneggiati dalla pesca a strascico. Alcune compagnie esperte di recupero sostengono che dovrebbero essere recuperati per proteggerli da ulteriori danni. Alcuni reperti potrebbero essere esposti nei musei, mentre altri venduti per finanziare le operazioni di recupero. Tuttavia, gli archeologi ritengono che il recupero dei relitti riduca il loro valore storico. Pertanto, la soluzione migliore è lasciare i relitti dove si trovano e fare in modo che la pesca a strascico non avvenga nelle loro vicinanze.**

Quale delle seguenti affermazioni, se considerata vera, indebolisce quanto sostenuto dal brano?

- A Nelle compagnie private esperte di recupero non lavorano archeologi qualificati
- B Limitare la pesca a strascico avrebbe effetti economici negativi
- C La posizione esatta di alcuni dei relitti non è nota
- D I relitti vengono danneggiati dalla pesca a strascico
- E I ritrovamenti potrebbero non valere abbastanza da coprire i costi del recupero

4 **Si identifichi la serie numerica che corrisponde alla reale successione storica degli avvenimenti, relativi alla Storia d'Italia, sotto elencati:**

(1) Suffragio universale maschile e femminile;

(2) spedizione dei Mille;

(3) marcia su Roma;

(4) breccia di Porta Pia;

(5) entrata in vigore della Costituzione Repubblicana;

(6) concordato tra Stato e Chiesa.

- A 3 – 5 – 1 – 6 – 2 – 4
- B 2 – 4 – 3 – 6 – 1 – 5
- C 4 – 3 – 1 – 6 – 2 – 5
- D 2 – 4 – 3 – 5 – 1 – 6
- E 2 – 3 – 4 – 5 – 1 – 6

5 **Una sola delle seguenti affermazioni relative a cinque famosi letterati italiani del Novecento corrisponde al vero: quale?**

- A Giuseppe Ungaretti fu perseguitato per le sue origini ebraiche
- B Luigi Pirandello non si mosse mai dalla sua Sicilia
- C Eugenio Montale ricevette il Nobel
- D Umberto Saba non ebbe rapporti con l'ambiente culturale triestino
- E Giovanni Pascoli fu eletto senatore del Regno

6 **Il periodo che va dal 1946 al 1975 coincide con la fase di crescita più lunga e intensa che i Paesi industrializzati abbiano mai conosciuto. xxx iniziò dopo la Seconda guerra mondiale negli Stati Uniti che, da allora, si affermarono come potenza guida del pianeta ma raggiunse i risultati più evidenti in Europa occidentale e in Giappone.**

Integra la lacuna con una delle seguenti espressioni.

- A Il commercio internazionale
- B Il boom economico
- C Lo shopping on line
- D La recessione economica
- E La delocalizzazione industriale

7 **«Un altro elemento che caratterizza lo scenario formativo attuale è l'evoluzione del dibattito sulla formazione continua. Non è da oggi che si sostiene la necessità di rafforzare questo versante del sistema formativo, che fino a oggi rimane molto debole, come mostrano le ultime ricerche effettuate. In questi ultimi anni l'Unione europea, attraverso il Fondo sociale ed i programmi destinati a questa funzione, sta dando un importante impulso alla crescita di questo segmento del sistema formativo. Le risorse per il momento disponibili, 300 miliardi, costituiscono un rilevante passo in avanti rispetto al passato, ma nella prospettiva di un funzionamento a regime appaiono sicuramente scarse. Non mancano ovviamente le preoccupazioni sul peso che ha finora avuto l'utilizzazione della formazione sui lavoratori adulti come ammortizzatore di crisi industriali e conseguenti esuberi occupazionali: la formazione continua può anche interessare i soggetti che perdono lavoro, ma occorre possibilmente affrontare adeguatamente il problema della riqualificazione continua degli occupati, con finalità di manutenzione costante delle competenze professionali».**
Una sola delle seguenti affermazioni è deducibile dal testo sopra riportato. Quale?

A Recenti ricerche hanno dimostrato che la formazione continua non si è adeguatamente sviluppata a causa delle crisi industriali

B Il settore della formazione è in crescita, anche se i finanziamenti dell'Unione europea diminuiscono di anno in anno

C L'obiettivo primario della formazione continua è quello della riqualificazione e aggiornamento dei lavoratori

D La formazione permanente ha lo scopo di migliorare le attitudini a svolgere un determinato lavoro di alcune categorie di lavoratori, come per esempio gli insegnanti

E Tutti i lavoratori che non aggiornano le proprie competenze professionali attraverso una formazione continua perderanno presto il lavoro

Biologia

Tempo a disposizione: 25 minuti

8 Quale delle seguenti affermazioni sul bulbo oculare è corretta?

A La retina è la tonaca più esterna
B Il disco ottico è il punto in cui sono particolarmente concentrati i coni
C Il cristallino fa parte della tonaca fibrosa del bulbo oculare
D La retina è la tonaca più interna
E La cornea è riccamente vascolarizzata

9 Quanti tipi di mRNA esistono in una cellula eucariote?

A Tanti quante sono le proteine da produrre
B 20
C Tanti quanti sono i tRNA
D 64
E Tanti quanti sono i ribosomi

10 Dall'osservazione della figura:

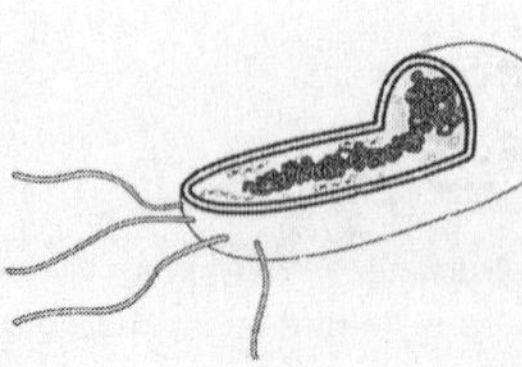

si può dedurre che essa rappresenta:

A una cellula eucariotica
B una cellula procariotica
C una cellula fungina
D un lievito
E una muffa

11 Il grafico riportato nella figura rappresenta le variazioni del potenziale di membrana di un neurone all'arrivo di uno stimolo. Il periodo refrattario è rappresentato dal segmento:

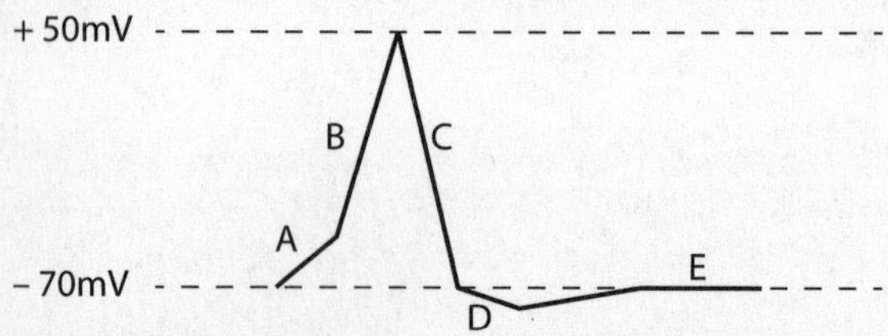

A C B D C A D B E E

12 **L'Organizzazione Mondiale della Sanità definisce normale una densità ossea fino al 10% circa inferiore alla norma, *osteopenia* una riduzione della densità ossea tra il 10 e il 25% ed *osteoporosi* una densità ossea abbassata di oltre il 25% rispetto ai valori medi della persona giovane (densità = 100%). Il rischio di frattura del femore è funzione della densità ossea: per esempio, per ogni diminuzione della densità ossea del 10% circa il rischio di frattura aumenta, come mostra il diagramma.**

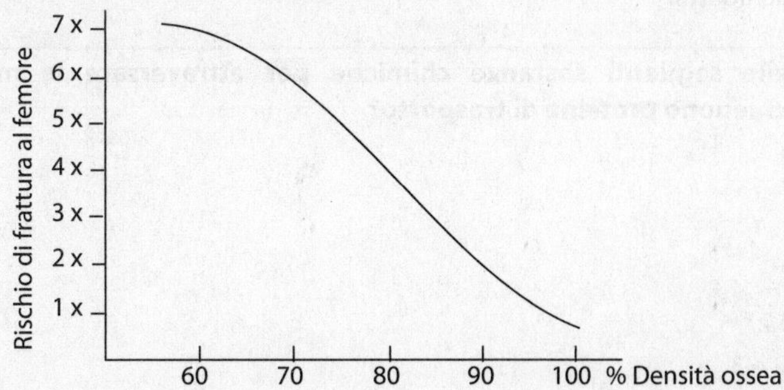

Nel caso di osteoporosi corrispondente al 70% di densità ossea, il rischio di una frattura al femore aumenta:

- A 70 volte
- B del 70%
- C 6 volte
- D 2 volte
- E del 30%

13 **Il seguente albero genealogico riguarda la trasmissione di un carattere legato al sesso. Si può sicuramente dedurre che:**

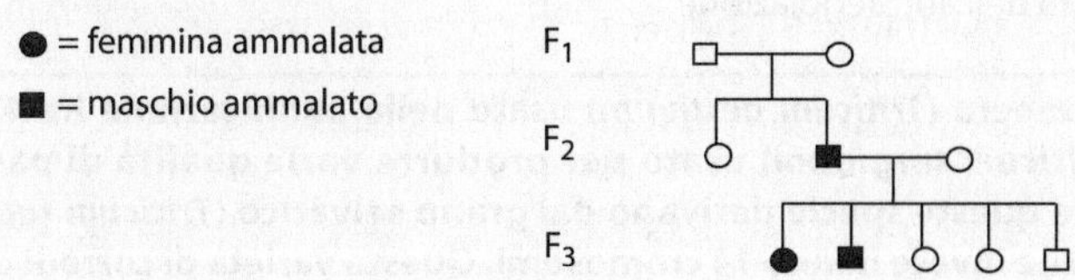

- A la moglie di F_2 è omozigote
- B tutti gli individui di F_3 sono eterozigoti
- C la figlia di F_2 è sicuramente omozigote
- D l'uomo di F_1 è eterozigote
- E la donna di F_1 è eterozigote per il carattere considerato

14 **Immergendo una foglia di insalata avvizzita in acqua dolce, subito avviene che le sue cellule:**

- A si gonfiano perché l'acqua entra per osmosi
- B si sgonfiano perché l'acqua esce per plasmolisi
- C non variano di dimensioni perché l'acqua entra ed esce in ugual misura
- D scoppiano con fuoriuscita del citoplasma e dei cloroplasti
- E perdono i sali minerali contenuti nel citoplasma

15 **La brachidattilia (dita corte e tozze) è una mutazione dominante di un gene normale. Un uomo brachidattilo sposa una donna normale. I figli che nasceranno potranno essere:**

A tutti normali
B 25% normali
C tutti brachidattili
D 50% brachidattili
E 75% brachidattili

16 **Quale/i delle seguenti sostanze chimiche per attraversare la membrana cellulare richiede/richiedono proteine di trasporto?**

1. Glucosio
2. O_2
3. K^+
4. H_2O

A Solo 1 e 2
B Solo 1, 2 e 3
C Solo 1 e 3
D Tutte
E Solo 1, 3 e 4

QUARTA PROVA

17 **La carenza di ossigeno stimola la produzione di eritropoietina che, a sua volta, stimola la produzione di globuli rossi che ripristinano un livello adeguato di ossigeno nel sangue. Ciò inibisce un'ulteriore produzione di eritropoietina. È questo un caso di:**

A feedback positivo
B risposta che rende nullo lo stimolo originario
C impossibilità di autoregolazione
D feedback negativo
E inutilità dell'autoregolazione

18 **Il grano tenero (*Triticum aestivum*) usato nella panificazione ha 42 cromosomi; il grano duro (*Triticum turgidum*) usato per produrre varie qualità di pasta ha 28 cromosomi; entrambe queste specie derivano dal grano selvatico (*Triticum tauschii* e *Triticum monococcum*) che invece hanno 14 cromosomi. Questa varietà di corredi cromosomici è un fenomeno definito:**

A Mutazione puntiforme
B Clonazione
C Poliallelia
D Poligamia
E Poliploidia

19 **La variabilità all'interno di una specie che si riproduce per via sessuale può essere ricondotta a tutti i processi elencati a eccezione di**

A crossing-over
B mutazioni geniche
C selezione naturale
D segregazione casuale dei cromosomi omologhi
E mutazioni cromosomiche

20 **Dati i seguenti processi:**

1. Fermentazione alcolica

2. Glicolisi

3. Fosforilazione ossidativa

4. Ciclo di Krebs

Quali, nelle cellule eucariote, avvengono esclusivamente nel citoplasma?

A Solo 1, 3 e 4
B Solo 3 e 4
C Solo 1 e 4
D Solo 2, 3 e 4
E Solo 1 e 2

21 **Nei procarioti l'operone è:**

A il sito di legame per il repressore posto tra promotore e geni strutturali
B un plasmide utilizzato come vettore genico
C l'unità funzionale della trascrizione
D un fattore della trascrizione
E una polimerasi in grado di trascrivere più geni contemporaneamente

22 **Nell'articolazione della spalla, dove si trovano gli osteociti?**

A Nel tessuto muscolare
B Nel tessuto osseo
C Nella pelle
D Nei legamenti
E Nella cartilagine

Chimica e fisica

Tempo a disposizione: 25 minuti

QUARTA PROVA

23 Che tipo di ibridazione degli orbitali presentano gli atomi di C nell'etere dimetilico?

A *sp*

B sp^2

C sp^3

D sp^3d^2

E Nessuna ibridazione

24 Quando si scioglie in acqua un sale che si può considerare derivato da un acido forte e da una base forte, la soluzione che si ottiene ha pH neutro. I sali formati da basi forti e acidi deboli danno luogo a soluzioni basiche, mentre i sali formati da acidi forti e basi deboli danno luogo a soluzioni acide. Una certa soluzione di cloruro di ammonio ha pH = 6,2; una certa soluzione di cianuro di cesio ha pH = 8,4. Pertanto si può affermare che:

A l'idrossido di cesio è una base forte, l'ammoniaca è una base debole

B l'idrossido di cesio e l'ammoniaca sono basi forti

C l'idrossido di cesio e l'ammoniaca sono basi deboli

D l'idrossido di cesio è una base debole, l'ammoniaca è una base forte

E l'acido cianidrico è forte

25 Indicare quale delle seguenti reazioni NON è corretta.

A $NH_3 + H_2SO_4 \rightarrow NH_4SO_4$

B $NH_3 + HCl \rightarrow NH_4Cl$

C $NH_4HCO_3 + HCl \rightarrow NH_4Cl + CO_2 + H_2O$

D $CaO + 2HCl \rightarrow CaCl_2 + H_2O$

E $K_2CO_3 + H_2SO_4 \rightarrow K_2SO_4 + H_2O + CO_2$

26 Il peso molecolare del glucosio $C_6H_{12}O_6$ è 180 u.m.a. Quante molecole sono presenti in 18 g di glucosio?

A 342

B 3420

C $6{,}02 \cdot 10^{22}$

D $6{,}02 \cdot 10^{23}$

E $3{,}42 \cdot 10^{10}$

27 Quale/i delle seguenti affermazioni su elementi, miscele e composti è/sono corretta/e?

1. Le miscele devono contenere almeno due composti.

2. I composti devono contenere almeno due elementi.

3. Due elementi diversi reagiscono tra di loro per dare sempre lo stesso composto binario.

A Solo 2 B Solo 3 C Solo 1 e 2 D Solo 2 e 3 E Solo 1

28 **Facendo riferimento alla definizione di Brønsted-Lowry, stabilire quale riga della tabella descrive correttamente le caratteristiche acido/base degli ioni proposti.**

	acido	anfotero	basico
1	HPO_4^{2-}	HSO_4^-	NH_4^+
2	NH_4^+	HPO_4^{2-}	PO_3^{3-}
3	NH_4^+	HSO_4^-	HPO_4^{2-}
4	PO_3^{3-}	HPO_4^{2-}	HSO_4^-

A Riga 1 B Riga 2 C Riga 3 D Riga 4 E Nessuna

29 **Il valore minimo del numero di ossidazione del carbonio è:**

A –1
B 0
C +2
D –4
E +4

30 **La costante di equilibrio:**

A dipende dalla concentrazione iniziale dei reagenti e dei prodotti
B dipende dalla concentrazione iniziale dei reagenti
C dipende dalla concentrazione iniziale dei reagenti e dei prodotti solo in soluzioni ideali
D è indipendente dalla concentrazione iniziale dei reagenti e dei prodotti
E dipende dalla pressione

31 **Due forze hanno lo stesso modulo *F*, formano tra loro un angolo $\alpha < 90°$ e sono applicate allo stesso punto. Il modulo della risultante è:**

A $F^2 \cos\alpha$
B $2F \operatorname{sen}\alpha$
C $F^2 \operatorname{sen}\alpha$
D $2F \operatorname{sen}\frac{\alpha}{2}$
E $2F \cos\frac{\alpha}{2}$

32 **Un pendolo, costituito da un filo inestensibile al quale è appesa una massa, oscilla con un periodo *T*. Come possiamo dimezzare *T*?**

A Riducendo di quattro volte la lunghezza del filo
B Aumentando di quattro volte la lunghezza del filo
C Raddoppiando la massa appesa al filo
D Aumentando di quattro volte la massa appesa al filo
E Dimezzando la lunghezza del filo

33 **Una barra uniforme è lunga 2,0 m, pesa 1000 N e il suo baricentro si trova nel suo centro geometrico. La barra è imperniata nella posizione mostrata in figura e regge un peso di 200 N come indicato.**

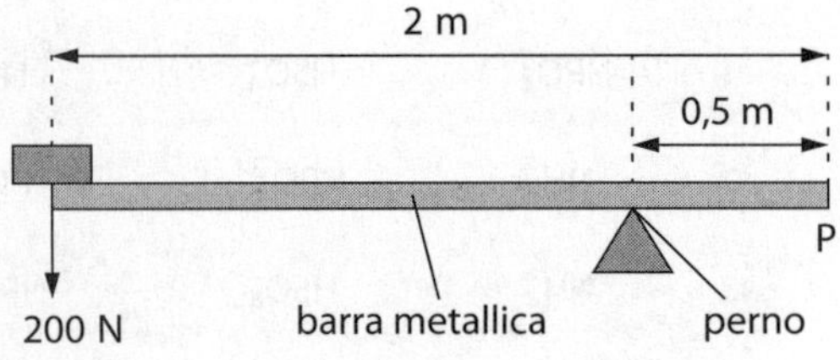

Quale peso va posto in P per mantenere la barra in equilibrio?

A 600 N B 800 N C 1000 N D 1600 N E 1800 N

QUARTA PROVA

34 **Una batteria viene sostituita da due batterie identiche collegate in parallelo. La combinazione può fornire:**

A la stessa tensione massima e la stessa corrente massima
B la stessa tensione massima e una corrente massima inferiore
C la stessa tensione massima e una corrente massima superiore
D una tensione maggiore e una corrente massima inferiore
E una tensione minore e una corrente massima superiore

35 **Un corpo di massa *m* è inizialmente a riposo. La velocità del corpo varia uniformemente da zero a *v* nel tempo *t*.**
Cosa rappresenta l'espressione mv/t per il corpo considerato?

A L'accelerazione media
B La quantità di moto finale
C La potenza media
D La forza risultante
E L'energia cinetica finale

36 **Un alpinista di massa 70 kg deve affrontare un tratto misto in montagna. La prima parte del percorso, di avvicinamento alla parete, consiste in un sentiero lungo 1,2 km che supera un dislivello di 600 m. Giunto alla fine del sentiero, l'alpinista scala la parete verticale alta 200 m. Qual è approssimativamente il lavoro totale compiuto dall'alpinista contro la forza di gravità?**

A $3{,}5 \cdot 10^5$ J B $4{,}54 \cdot 10^5$ W C $5{,}6 \cdot 10^5$ J D $9{,}8 \cdot 10^5$ J E $2 \cdot 10^6$ J

37 **Un pendolo viene fatto oscillare tra i poli di un magnete. Nelle sue oscillazioni il pendolo entra ed esce dal campo magnetico generato dal magnete. Quale fra le seguenti affermazioni è corretta?**

A Se si eliminano tutti gli attriti, le oscillazioni non si smorzano mai, qualunque sia la natura del pendolo
B Se il disco è fatto di materiale isolante, le oscillazioni diventano sempre più frequenti
C Il disco si raffredda se è fatto di materiale conduttore
D L'ampiezza delle oscillazioni aumenta progressivamente nel tempo, se il disco è fatto di materiale isolante
E Le oscillazioni si smorzano rapidamente, se il disco è fatto di materiale conduttore

Matematica e ragionamento

Tempo a disposizione: 25 minuti

38 **Se il 60% di a è uguale al 120% di b, quanto vale $2a - 4b$?**

A $2a$

B $0{,}5 \cdot a$

C 0

D $3a$

E -360

39 **La retta passante per il punto (1; –1) e ortogonale alla retta di equazione $2x + y + 6 = 0$ ha equazione:**

A $y + 2x - 1 = 0$

B $x + y - 3 = 0$

C $y - 2x + 1 = 0$

D $2y - x - 3 = 0$

E $2y - x + 3 = 0$

40 **Nel piano cartesiano qual è la pendenza (o coefficiente angolare) della retta che passa per i punti (5; 0) e (0; 2)?**

A $5/2$ B $2/5$ C $-2/5$ D -3 E 3

41 **Determinare quale delle seguenti funzioni soddisfa la relazione $f(-x) = -f(x)$ per ogni numero reale x.**

A $\mathrm{sen}(x^2)$ B $\mathrm{sen}^2(x)$ C $\mathrm{sen}^3(x)$ D $\cos(x^3)$ E $\cos^3(x)$

42 **Una fabbrica di bulloni sostiene una spesa fissa mensile media di 120.000 euro (il mese commerciale è inteso di 30 giorni) e un costo di produzione di 3,15 euro per ogni bullone prodotto. Indicata con y la spesa giornaliera complessiva e con x il numero di bulloni prodotti in un giorno, individuare la relazione tra le variabili x e y.**

A $y = 4000 + \dfrac{3{,}15}{x}$

B $y = \dfrac{3{,}15}{x} - 4000$

C $y = 3{,}15x - 120000$

D $y = 120000 + 3{,}15x$

E $y = 4000 + 3{,}15x$

QUARTA PROVA

43 **La media delle masse di tre neonati è 3,6 kg. Il neonato più pesante ha massa 4,1 kg e il range delle masse è 1,2 kg. Qual è mediana tra le masse dei tre neonati?**

- A 3,9 kg
- B 3,5 kg
- C 2,9 kg
- D 3,8 kg
- E 3,0 kg

44 **Dato un quadrato Q di lato *a*, si considerino il cerchio inscritto in Q, il cerchio circoscritto a Q e la corona circolare da essi determinata. L'area della corona circolare è uguale a quella del cerchio inscritto:**

- A per nessun valore di a
- B per ogni valore di a
- C se e solo se $a \geq 1$
- D se e solo se $a \leq 1$
- E se e solo se $a = 1$

45 **Completare correttamente la seguente successione numerica.**

2; 20; 22; 42; 64; ?

- A 84
- B 86
- C 105
- D 106
- E 128

46 **Un sarto acquista 2 rotoli di stoffa rispettivamente di 55 e 95 metri. Da essi taglia alcuni pezzi, tutti della stessa lunghezza, per cui gli avanzano 3 metri dal primo rotolo e 4 metri dal secondo. Quanti pezzi ha tagliato in tutto?**

- A 15
- B 14
- C 17
- D 9
- E 11

47 **Se in un certo istante, alla fine della giornata manca ancora il doppio dei 2/5 del tempo già trascorso, che ore saranno in quell'istante?**

- A 13:20
- B 14:10
- C 16:00
- D 12:55
- E 13:55

48 **I 900 seggi di un parlamento sono ripartiti fra 10 partiti politici. Non ci sono due partiti con uno stesso numero di seggi e il 10°, quello con il minor numero di seggi, ne ha 25. Collocando i partiti in ordine decrescente per numero di seggi, qual è il più alto numero di seggi che il quinto partito può avere?**

A 151 B 155 C 29 D 153 E 156

49 **Qual è l'ordine per valore crescente delle frazioni sotto riportate?**

a = 152/150 b = 3/7 c = 8/11 d = 5/8

A b < d < c < a
B c < b < d < a
C d < b < a < c
D b < c < d < a
E c < a < b < d

50 **Se è vero che "non esistono rane con quattro zampe", allora è necessariamente vera anche una delle affermazioni seguenti. Quale?**

A Esiste almeno una rana con tre zampe
B Tutte le rane hanno quattro zampe
C Senza zampe una rana non può saltare
D È impossibile che una rana abbia una zampa sola
E È impossibile che una rana abbia quattro zampe

Soluzioni della quarta prova

Alpha Test — **Risposte esatte della quarta prova**

Verificare le risposte relative alle domande della prova simulata

	A	B	C	D	E		A	B	C	D	E
1	□	□	■	□	□	**26**	□	□	■	□	□
2	□	□	□	■	□	**27**	■	□	□	□	□
3	□	□	■	□	□	**28**	□	■	□	□	□
4	□	■	□	□	□	**29**	□	□	□	■	□
5	□	□	■	□	□	**30**	□	□	□	■	□
6	□	■	□	□	□	**31**	□	□	□	□	■
7	□	□	■	□	□	**32**	■	□	□	□	□
8	□	□	□	■	□	**33**	□	□	□	■	□
9	■	□	□	□	□	**34**	■	□	□	□	□
10	□	■	□	□	□	**35**	□	□	□	■	□
11	□	■	□	□	□	**36**	□	□	■	□	□
12	□	□	■	□	□	**37**	□	□	□	□	■
13	□	□	□	□	■	**38**	□	□	■	□	□
14	■	□	□	□	□	**39**	□	□	□	□	■
15	□	□	□	■	□	**40**	□	□	■	□	□
16	□	□	■	□	□	**41**	□	□	■	□	□
17	□	□	□	■	□	**42**	□	□	□	□	■
18	□	□	□	□	■	**43**	□	□	□	■	□
19	□	□	■	□	□	**44**	□	■	□	□	□
20	□	□	□	□	■	**45**	□	□	□	■	□
21	□	□	■	□	□	**46**	□	□	□	□	■
22	□	■	□	□	□	**47**	■	□	□	□	□
23	□	□	■	□	□	**48**	■	□	□	□	□
24	■	□	□	□	□	**49**	■	□	□	□	□
25	■	□	□	□	□	**50**	□	□	□	□	■

Prove di verifica

QUINTA PROVA

Scheda delle risposte

Alpha Test — **Scheda per le risposte della quinta prova**

Contrassegnare le risposte relative alle domande della prova simulata

	A	B	C	D	E		A	B	C	D	E
1	▢	▢	▢	▢	▢	26	▢	▢	▢	▢	▢
2	▢	▢	▢	▢	▢	27	▢	▢	▢	▢	▢
3	▢	▢	▢	▢	▢	28	▢	▢	▢	▢	▢
4	▢	▢	▢	▢	▢	29	▢	▢	▢	▢	▢
5	▢	▢	▢	▢	▢	30	▢	▢	▢	▢	▢
6	▢	▢	▢	▢	▢	31	▢	▢	▢	▢	▢
7	▢	▢	▢	▢	▢	32	▢	▢	▢	▢	▢
8	▢	▢	▢	▢	▢	33	▢	▢	▢	▢	▢
9	▢	▢	▢	▢	▢	34	▢	▢	▢	▢	▢
10	▢	▢	▢	▢	▢	35	▢	▢	▢	▢	▢
11	▢	▢	▢	▢	▢	36	▢	▢	▢	▢	▢
12	▢	▢	▢	▢	▢	37	▢	▢	▢	▢	▢
13	▢	▢	▢	▢	▢	38	▢	▢	▢	▢	▢
14	▢	▢	▢	▢	▢	39	▢	▢	▢	▢	▢
15	▢	▢	▢	▢	▢	40	▢	▢	▢	▢	▢
16	▢	▢	▢	▢	▢	41	▢	▢	▢	▢	▢
17	▢	▢	▢	▢	▢	42	▢	▢	▢	▢	▢
18	▢	▢	▢	▢	▢	43	▢	▢	▢	▢	▢
19	▢	▢	▢	▢	▢	44	▢	▢	▢	▢	▢
20	▢	▢	▢	▢	▢	45	▢	▢	▢	▢	▢
21	▢	▢	▢	▢	▢	46	▢	▢	▢	▢	▢
22	▢	▢	▢	▢	▢	47	▢	▢	▢	▢	▢
23	▢	▢	▢	▢	▢	48	▢	▢	▢	▢	▢
24	▢	▢	▢	▢	▢	49	▢	▢	▢	▢	▢
25	▢	▢	▢	▢	▢	50	▢	▢	▢	▢	▢

QUINTA PROVA

Tempo a disposizione: 90 minuti – Tempo consigliato: 80 minuti

Comprensione del testo e conoscenze acquisite negli studi

Tempo a disposizione: 15 minuti

1 In alcuni pazienti, un elevato consumo di sodio aumenta la probabilità di avere scompensi cardiaci. Per mantenere il cuore in buona salute senza diminuire il consumo di sodio, tali pazienti devono assumere frutta e verdura fresca anziché surgelata, poiché il potassio contenuto in questi cibi aiuta a prevenire gli effetti negativi del sodio.

Quale delle seguenti affermazioni è alla base dell'argomentazione precedente?

A Frutta e verdura fresche contengono più potassio che sodio

B Le aziende alimentari spesso aggiungono sodio agli alimenti congelati

C Il potassio è l'unico minerale che aiuta a prevenire gli effetti negativi del sodio

D Frutta e verdura fresche contengono più potassio rispetto a quelle surgelate

E Il potassio contenuto nella frutta e nella verdura ha meno effetti collaterali

2 "Nel diritto costituzionale si definisce potere dello Stato un solo organo ovvero anche un complesso di organi funzionalmente collegati, a cui è stata riferita dalla Costituzione una sfera di attribuzioni. Si definisce funzione, invece, un'attività complessivamente preordinata al compimento di atti del potere" (da Wikipedia). Con riferimento alla struttura dello Stato, l'espressione *divisione dei poteri* si riferisce:

A all'attribuzione di ciascuno dei tre poteri dello Stato a un organismo distinto e indipendente dagli altri

B alla spartizione dei poteri fra diversi territori dello Stato

C alla suddivisione di poteri fra diverse Nazioni appartenenti a una organizzazione politica o a una confederazione internazionale

D all'attribuzione delle funzioni tra i diversi uffici amministrativi dello Stato

E alla divisione dei poteri tra i differenti partiti politici che fanno parte di un governo

Leggi il seguente brano, tratto da "Uno, nessuno e centomila" (1926) di Luigi Pirandello e rispondi alle seguenti domande.

Ah! Tanto bel senno avevo ancora per intendere tutto questo, e non poté servirmi a tirare dalla riconosciuta inattuabilità di quel mio folle proposito la conseguenza naturale di rinunciare all'impresa disperata e starmi contento a vivere per me, senza vedermi e senza darmi pensiero degli altri. L'idea che gli altri vedevano in me uno che non ero io quale mi conoscevo; uno che essi soltanto potevano conoscere guardandomi da fuori con occhi che non erano i miei e che mi davano un aspetto destinato a restarmi sempre estraneo, pur essendo in me, pur essendo il mio per loro (un "mio" dunque che non era per me!); una vita nella quale, pur essendo la mia per loro, io non potevo penetrare, quest'idea non mi diede più requie. Come sopportare in me quest'estraneo? Quest'estraneo che ero io stesso per me? Come non vederlo? Come non conoscerlo? Come restare per sempre condannato a portarmelo con me, in me, alla vista degli altri e fuori intanto della mia?

3 **Quale fra i seguenti potrebbe essere un sinonimo di "tirare" con il significato con cui compare nella prima riga del brano?**

- A distendere
- B trascinare
- C ricavare
- D attirare
- E allungare

QUINTA PROVA

4 **Nella parte centrale del brano, in "pur essendo il mio per loro", "mio" ha valore di:**

- A aggettivo, riferito all'aspetto
- B pronome, riferito all'animo
- C aggettivo, riferito all'animo
- D pronome, riferito al senno
- E pronome, riferito all'aspetto

5 **Individuare la parola o i gruppi di parole che completano correttamente la frase seguente. Il modello atomico di ____________ prevede un nucleo centrale costituito da cariche elementari ____________ dette protoni e particelle neutre dette neutroni; intorno al nucleo ruotano gli ____________.**

- A Heisenberg / sferiche / isotopi
- B Rutherford / positive / elettroni
- C Bohr / negative / orbitali
- D Pauli / positive / elettrodi
- E Einstein / neutre / elettroni

6 **«Destinare le risorse pubbliche a contenere gli aumenti di energia [...] è uno degli impegni che la maggioranza chiede al governo, nell'ambito della risoluzione sul Def che è stata approvata dalla Camera e dal Senato.»**

(«la Repubblica» 20/04/2022)

- A transizione ecologica
- B Il Decreto di Equilibrio Finanziario, che definisce gli strumenti per ottenere il pareggio nel Bilancio dello Stato
- C sostengono il governo
- D Il Documento di Economia e Finanza, che è il principale strumento di programmazione del governo
- E programmazione economico-finanziaria dello Stato

7 **"Ognuno sta solo sul cuor della terra**
trafitto da un raggio di sole:
ed è subito sera".
A quale dei seguenti poeti italiani del Novecento dobbiamo questi celebri versi?

A Montale
B Ungaretti
C Quasimodo
D Saba
E Zanzotto

Biologia

Tempo a disposizione: 25 minuti

8 Il prodotto finale del catabolismo degli amminoacidi nei mammiferi è:

A l'acido ippurico
B l'acido urico
C l'ammoniaca
D acqua, anidride carbonica, azoto
E l'urea

9 Il derma:

A è costituito da tessuto epiteliale pluristratificato
B avvolge i follicoli piliferi
C si trova al di sopra dell'epidermide
D è costituito da cellule ricche di chitina
E presenta uno strato corneo

10 Nei gatti domestici i geni per il colore nero (X^N) e giallo (X^G) sono situati ciascuno su un cromosoma X. I gatti di sesso femminile possono avere il pelo di colore nero o giallo, o a macchie nere e gialle, detto "a corazza di tartaruga". I gatti di sesso maschile hanno normalmente il pelo di colore nero o di colore giallo, ma occasionalmente – se pur raramente – nascono gatti maschi con pelo "a corazza di tartaruga".
In tale caso il loro genotipo sarà:

A X^GY^N B X^NX^G C X^NX^GY D $X^NX^GY^G$ E X^NY^G

11 La gabbia toracica dell'uomo è formata:

A da 12 costole, dallo sterno, dalla scapola
B da 24 costole, dallo sterno, da 12 vertebre
C dallo sterno, 24 vertebre, 12 costole di cui due fluttuanti
D dalla clavicola e dalla colonna vertebrale
E da 12 costole, di cui 2 fluttuanti, 3 false, 7 vere

12 I parameci sono organismi che vivono in acqua dolce, dotati di un vacuolo pulsante specializzato nell'espellere l'acqua in eccesso. Ponendoli per esempio in acqua distillata si nota la contrazione ritmica del vacuolo pulsante che espelle l'acqua. Ponendoli in acqua salata la contrazione del vacuolo cessa: il fatto può essere spiegato perché:

A il sale inibisce il meccanismo di espulsione dell'acqua del vacuolo
B in acqua salata non è necessario espellere attivamente l'acqua perché essa tende a uscire spontaneamente
C nell'acqua salata i parameci bloccano tutte le proprie attività metaboliche
D nell'acqua salata i parameci muoiono
E nell'acqua salata l'acqua entra liberamente nella cellula del paramecio

13 **Due organismi appartengono alla stessa specie se:**

A vivono negli stessi territori e possono incrociarsi tra loro
B presentano identiche caratteristiche di comportamento nei periodi riproduttivi
C sono difficilmente distinguibili per l'aspetto
D nel loro patrimonio genetico non vi è alcun gene in comune
E sono in grado di accoppiarsi tra loro dando una prole fertile

14 **Il grafico rappresenta il processo della digestione chimica di zuccheri, proteine e grassi lungo il tubo digerente, qui suddiviso in cinque settori uguali.**

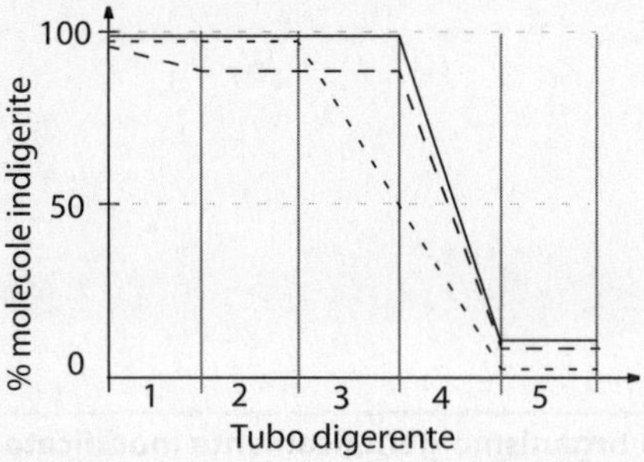

Le proteine vengono digerite nei settori:

A 3 e 4 B 4 e 5 C 2 e 4 D 1 e 2 E 2 e 3

15 **Nella tecnologia del DNA ricombinante, il termine vettore si riferisce:**

A a una molecola di DNA usata per veicolare altro DNA in opportune cellule ospiti
B all'enzima che taglia il DNA in frammenti di restrizione
C all'estremità coesiva di un frammento di DNA
D alla cellula ospite in cui è stato inserito il DNA estraneo
E a un insieme di cellule, in genere batteriche, ricombinanti

16 **Quale tra i seguenti agenti, che causano le patologie specificate, è un virus?**

A *Clostridium tetani* - Tetano
B *Variola major* - Vaiolo
C *Yersinia pestis* - Peste
D *Vibrio cholerae* - Colera
E *Streptococcus pneumoniae* - Polmonite

17 **Un batterio, il cui DNA a doppio filamento contiene solo l'isotopo ^{15}N dell'azoto, viene messo a replicare in un terreno che contiene solo ^{14}N come fonte di azoto. Dopo quattro cicli di replicazione, quante molecole di DNA (filamenti singoli e non doppi!) conterranno ancora ^{15}N?**

A 4
B 8
C 2
D 6
E 16

QUINTA PROVA

18 **L'ileo è:**

A un osso formato dalla fusione delle vertebre sacrali
B la zona del rene attraversata da pelvi renale e vasi sanguigni
C la porzione interna degli alveoli polmonari
D l'ultimo segmento dell'intestino tenue
E il vaso linfatico all'interno dei villi intestinali

19 **Gli ormoni prodotti dall'adenoipofisi agiscono su:**

1. Rene
2. Pancreas
3. Tiroide
4. Gonadi

A Solo 3 e 4
B Solo 2 e 3
C Tutti
D Solo 1 e 3
E Solo 1, 3 e 4

QUINTA PROVA

20 **NON è considerato organismo geneticamente modificato (OGM), in quanto non ottenuto mediante tecniche d'ingegneria genetica:**

A la fragola ottoploide
B il golden rice
C il mais Bt
D la soia resistente al glifosato
E il batterio che produce insulina

21 **Oltre all'anidride carbonica e all'energia solare qual è il terzo fattore fondamentale perché si realizzi la fotosintesi?**

A L'aria
B La temperatura elevata
C L'ossigeno
D L'azoto
E L'acqua

22 **Quale dei seguenti processi NON avviene durante la mitosi?**

A La separazione dei cromatidi fratelli
B La rimozione delle coesine centromeriche
C La duplicazione del DNA
D La condensazione del DNA
E La frammentazione dell'involucro nucleare

Chimica e fisica

Tempo a disposizione: 25 minuti

---

23 Qual è il numero di ossidazione del cromo nel composto $Al_2(CrO_4)_3$?

A +2
B +4
C −4
D +6
E −6

---

24 Una soluzione (1) di NaCl ha concentrazione molare doppia rispetto a una soluzione (2) di Na_2SO_4.

Se si mescolano 100 ml della soluzione 1 con 200 ml della soluzione 2, la concentrazione dello ione Na^+ nella soluzione finale sarà:

A uguale a quella della soluzione 1
B tripla rispetto alla soluzione 1
C doppia rispetto alla soluzione 1
D la metà rispetto alla soluzione 2
E doppia rispetto alla soluzione 2

---

25 Gli orbitali *sp*^{2} formano angoli di ampiezza:

A 109,5°
B 45°
C 90°
D 180°
E 120°

---

26 Mediante una reazione di idrogenazione, da un chetone si ottiene:

A una aldeide
B un alcol primario
C un alcol terziario
D un alchene
E un alcol secondario

---

27 Date le seguenti soluzioni: glucosio 0,1 M, acido acetico 0,1 M, acido acetico 0,05 M e NaCl 0,1 M; quale ha la pressione osmotica maggiore a parità di temperatura?

A Nessuna delle soluzioni elencate è osmoticamente attiva
B Glucosio 0,1 M
C Acido acetico 0,1 M
D Acido acetico 0,05 M
E NaCl 0,1 M

28 **Quale valore deve avere *c* per bilanciare la reazione seguente?**

$$4\ KMnO_4 + a\ H_2SO_4 + 5\ C_2H_5OH \rightarrow 4\ MnSO_4 + b\ K_2SO_4 + 5\ CH_3CO_2H + c\ H_2O$$

A 16
B 17
C 26
D 11
E 21

29 **Quali composti organici contengono sicuramente un doppio legame?**

A Aldeidi
B Ammine
C Alcoli
D Alcani
E Eteri

30 **Se si aumenta di 100 volte la concentrazione degli ioni $[H_3O^+]$ in una soluzione con 6 come pH iniziale, quale pH finale si ottiene?**

A pH 10
B pH 4
C pH 2
D pH 8
E pH 7

31 **La reazione tra l'ossido di un elemento poco elettronegativo e l'acqua forma:**

A un'anidride
B un acido
C una base
D un idracido
E un idruro

32 **Un cubo di metallo ha il lato di lunghezza *x*. La resistenza elettrica tra due facce opposte del cubo è:**

A direttamente proporzionale a x
B proporzionale a x^2
C inversamente proporzionale a x
D indipendente da x
E inversamente proporzionale a x^2

33 **Un insegnante vuole ascoltare un programma che va in onda sulla sua stazione radio preferita, che trasmette a una frequenza di 1000 kHz, ma il suo apparecchio indica solo la lunghezza d'onda della stazione. A quale lunghezza d'onda deve sintonizzare la radio per ascoltare il programma?**

A 300 m
B 300,000 m
C 0,33 m
D 0,0033 m
E 50 m

QUINTA PROVA

34 **A quale temperatura centigrada le molecole di un gas hanno energia cinetica media uguale alla metà di quella che hanno a temperatura ambiente (considerata di circa 27 °C)?**

A 13,5 °C   B 150 °C   C – 123 °C   D 54 °C   E – 150 °C

35 **Durante l'espansione adiabatica e reversibile di un gas perfetto, il lavoro compiuto dal sistema è uguale:**

A alla variazione dell'energia cinetica totale delle molecole del gas
B alla diminuzione dell'energia potenziale intermolecolare
C alla variazione di entropia del gas
D alla diminuzione di energia cinetica elastica dello stesso gas
E alla quantità di calore assorbita dall'ambiente

36 **Il peso di un ragazzo è di 600N. Se quando sale su una bilancia all'interno di un ascensore essa indica 630 N, l'ascensore si muove? In caso affermativo, come si sta muovendo?**

A Non si muove, resta fermo
B Si muove accelerando verso l'alto
C Si muove accelerando verso il basso
D Si muove verso l'alto con velocità costante
E Si muove verso il basso con velocità costante

37 **In uno strano paese, le lunghezze vengono misurate in metrini lunghi 6,67 cm, mentre i tempi vengono misurati in secondoni, ciascuno dei quali vale 12 secondi; a quanti metrini al secondone equivalgono approssimativamente 10 km/h?**

A Circa 5
B Circa 50
C Circa 500
D Circa 5000
E Circa 50.000

QUINTA PROVA

Matematica e ragionamento

Tempo a disposizione: 25 minuti

38 Quale delle seguenti è un'equazione di una retta perpendicolare alla retta $4x + 6y = 5$?

A $4x - 6y = 21$
B $x + 3y = 1$
C $6x + 4y = 17$
D $3x - 2y = 14$
E $2x + 3y = 5$

39 La base di partenza per il calcolo dell'IMU di un immobile di classe A1 si ottiene rivalutando la rendita catastale del 5% e moltiplicando il risultato ottenuto per 160. Allo stesso risultato si può giungere in un solo passaggio, moltiplicando direttamente la rendita catastale per un opportuno coefficiente *c*.
Determinare il valore di *c*.

A 121
B 165
C 168
D 265
E 180

QUINTA PROVA

40 L'espressione goniometrica

$$\mathbf{sen(9\alpha) - sen(3\alpha)}$$

equivale a:

A $3(\text{sen}(3\alpha) - \text{sen}\alpha)$
B $6\text{sen}\alpha$
C $2\cos(6\alpha)\text{sen}(3\alpha)$
D $\frac{1}{2}(\cos(6\alpha) - \cos(12\alpha))$
E $\text{sen}(9\alpha)\cos(3\alpha) - \text{sen}(3\alpha)\cos(9\alpha)$

41 $(4^{1000} \cdot 8^{2000})/(16^{2000}) = ?$

A 2
B 2^{1000}
C 16^{-500}
D 1
E 4^{2000}

42 Tirando contemporaneamente cinque dadi con facce numerate da 1 a 6, qual è la probabilità di ottenere cinque numeri pari?

A $\frac{1}{6}$ B $\left(\frac{1}{6}\right)^5$ C $\frac{1}{10}$ D $\frac{1}{25}$ E $\frac{1}{32}$

43 Quale delle seguenti espressioni assume il valore massimo per $0 < x < 1$?

A $\frac{1}{x}$

B x^2

C $\frac{1}{1+x}$

D $\frac{1}{\sqrt{x}}$

E $\sqrt{x}$

44 Se $x - 2y = 0$ e $y^2 - 4x = 0$ (per ogni $x > 0$), qual è il valore di x?

A 13,65
B 15
C 16
D 17,28
E 18,5

45 La società XYZ registra un utile pari al 6% del fatturato; mediante una serie di deduzioni fiscali, l'utile viene ridotto del 20%. Quindi la società paga un'imposta sull'utile residuo con un'aliquota del 40%. Alla fine l'utile netto così calcolato risulta essere pari a 720 mila euro. A quanto ammonta il fatturato complessivo?

A 25 milioni di euro
B 37,5 milioni di euro
C 15 milioni di euro
D 12 milioni di euro
E 24 milioni di euro

46 Nel tentativo di guadagnare qualcosa in più per andare in vacanza, Marco, Rita, Irene e Sara hanno svolto vari lavoretti per i loro vicini. Prima di iniziare hanno pattuito che tutti i soldi guadagnati sarebbero stati condivisi equamente tra di loro.

- **Marco ha guadagnato € 10.**
- **Rita ha guadagnato € 15.**
- **Irene ha guadagnato € 12.**

Sara ha sorpreso tutti gli altri guadagnando € 35 e quindi deve dei soldi agli altri amici. Quanto deve ricevere Rita da Sara?

A € 6 B € 3 C € 8 D € 9 E € 10

47 Negli ultimi vent'anni la popolazione della città A è aumentata di circa il 5%, arrivando a 340.000 abitanti; la città B ha visto invece una leggera riduzione, scendendo sotto i 700.000, mentre la città C ha triplicato i suoi abitanti, arrivando a 42.000. Sulla base di questi dati qual era la popolazione delle tre città vent'anni prima?

A A 323.000; B 702.000; C 14.000
B A 300.000; B 702.000; C 22.000
C A 323.000; B 695.000; C 44.000
D A 255.000; B 695.000; C 22.000
E A 357.000; B 715.000; C 14.000

QUINTA PROVA

48 **Alberto ha troppi spiccioli in tasca: 6 monete da 1 centesimo, 3 da 2 centesimi, 2 da 5 centesimi, 3 da 10 centesimi e 2 da 50 centesimi. Decide di acquistare una barretta di cioccolato che costa 37 centesimi utilizzando quante più monete possibile. Qual è il numero massimo di monete che deve usare per pagare il prezzo esatto?**

A 12
B 10
C 9
D 5
E 14

49 **A una conferenza 10 persone prendono appunti, 8 portano gli occhiali. Con questi dati si può concludere con certezza che il numero totale N degli ascoltatori a quella conferenza è:**

A $N \geq 10$
B $N = 18$
C $N > 10$
D $N < 10$
E $N > 18$

50 **Se non è vero che è necessario essere maschio per essere alto più di 1,70 m, allora sarà sicuramente vero che:**

A i maschi e le femmine sono alti più di 1,70 m
B è necessario non essere maschio per essere alto più di 1,70 m
C è sufficiente essere maschio per essere alto più di 1,70 m
D è possibile che almeno una femmina sia alta più di 1,70 m
E è sufficiente essere femmina per essere alta più di 1,70 m

Soluzioni della quinta prova

Alpha Test

Risposte esatte della quinta prova

Verificare le risposte relative alle domande della prova simulata

	A	B	C	D	E		A	B	C	D	E
1	□	□	□	■	□	26	□	□	□	□	■
2	■	□	□	□	□	27	□	□	□	□	■
3	□	□	■	□	□	28	□	□	□	■	□
4	□	□	□	□	■	29	■	□	□	□	□
5	□	■	□	□	□	30	□	■	□	□	□
6	□	□	□	■	□	31	□	□	■	□	□
7	□	□	■	□	□	32	□	□	■	□	□
8	□	□	□	□	■	33	■	□	□	□	□
9	□	■	□	□	□	34	□	□	■	□	□
10	□	□	■	□	□	35	■	□	□	□	□
11	□	■	□	□	□	36	□	■	□	□	□
12	□	■	□	□	□	37	□	□	■	□	□
13	□	□	□	□	■	38	□	□	□	■	□
14	■	□	□	□	□	39	□	□	■	□	□
15	■	□	□	□	□	40	□	□	■	□	□
16	□	■	□	□	□	41	□	□	□	■	□
17	□	□	■	□	□	42	□	□	□	□	■
18	□	□	□	■	□	43	■	□	□	□	□
19	■	□	□	□	□	44	□	□	■	□	□
20	■	□	□	□	□	45	■	□	□	□	□
21	□	□	□	□	■	46	□	■	□	□	□
22	□	□	■	□	□	47	■	□	□	□	□
23	□	□	□	■	□	48	■	□	□	□	□
24	■	□	□	□	□	49	■	□	□	□	□
25	□	□	□	□	■	50	□	□	□	■	□

QUINTA PROVA

Prove di verifica

SESTA PROVA

Scheda delle risposte

Alpha Test

Scheda per le risposte della sesta prova

Contrassegnare le risposte relative alle domande della prova simulata

	A	B	C	D	E		A	B	C	D	E
1	▢	▢	▢	▢	▢	26	▢	▢	▢	▢	▢
2	▢	▢	▢	▢	▢	27	▢	▢	▢	▢	▢
3	▢	▢	▢	▢	▢	28	▢	▢	▢	▢	▢
4	▢	▢	▢	▢	▢	29	▢	▢	▢	▢	▢
5	▢	▢	▢	▢	▢	30	▢	▢	▢	▢	▢
6	▢	▢	▢	▢	▢	31	▢	▢	▢	▢	▢
7	▢	▢	▢	▢	▢	32	▢	▢	▢	▢	▢
8	▢	▢	▢	▢	▢	33	▢	▢	▢	▢	▢
9	▢	▢	▢	▢	▢	34	▢	▢	▢	▢	▢
10	▢	▢	▢	▢	▢	35	▢	▢	▢	▢	▢
11	▢	▢	▢	▢	▢	36	▢	▢	▢	▢	▢
12	▢	▢	▢	▢	▢	37	▢	▢	▢	▢	▢
13	▢	▢	▢	▢	▢	38	▢	▢	▢	▢	▢
14	▢	▢	▢	▢	▢	39	▢	▢	▢	▢	▢
15	▢	▢	▢	▢	▢	40	▢	▢	▢	▢	▢
16	▢	▢	▢	▢	▢	41	▢	▢	▢	▢	▢
17	▢	▢	▢	▢	▢	42	▢	▢	▢	▢	▢
18	▢	▢	▢	▢	▢	43	▢	▢	▢	▢	▢
19	▢	▢	▢	▢	▢	44	▢	▢	▢	▢	▢
20	▢	▢	▢	▢	▢	45	▢	▢	▢	▢	▢
21	▢	▢	▢	▢	▢	46	▢	▢	▢	▢	▢
22	▢	▢	▢	▢	▢	47	▢	▢	▢	▢	▢
23	▢	▢	▢	▢	▢	48	▢	▢	▢	▢	▢
24	▢	▢	▢	▢	▢	49	▢	▢	▢	▢	▢
25	▢	▢	▢	▢	▢	50	▢	▢	▢	▢	▢

SESTA PROVA

Tempo a disposizione: 90 minuti – Tempo consigliato: 80 minuti

Comprensione del testo e conoscenze acquisite negli studi

Tempo a disposizione: 15 minuti

1 **Spesso al corno di rinoceronte in polvere vengono attribuite proprietà afrodisiache. Tuttavia, un recente studio in materia ha dimostrato che non esiste alcuna prova scientifica che esso abbia effetti chimici di alcun tipo sul sistema nervoso degli esseri umani. Oltretutto, è stato recentemente condotto un esperimento in cui a 100 volontari veniva somministrato il corno di rinoceronte in polvere mentre ad altri 100 del semplice riso in polvere, senza rivelare ai volontari quale sostanza stavano assumendo. I ricercatori hanno riscontrato un aumento maggiore nella libido nel gruppo di coloro che avevano ingerito riso in polvere piuttosto che nell'altro gruppo. Quindi, questo esperimento sembra fornire la prova conclusiva che il corno di rinoceronte in polvere non è un afrodisiaco.**
Su quale ipotesi implicita si basa il ragionamento precedente?

- A Il fatto che al corno di rinoceronte in polvere siano spesso attribuite proprietà afrodisiache contribuisce ad aumentarne la richiesta
- B Il riso in polvere non possiede proprietà afrodisiache rilevanti
- C Il commercio di corno di rinoceronte in polvere dovrebbe essere vietato a livello internazionale
- D Il riso in polvere non produce effetti sul sistema nervoso centrale degli esseri umani
- E Generalmente le dichiarazioni rilasciate sulle sostanze afrodisiache non sono attendibili

2 **"Organo ausiliare dell'amministrazione centrale dello Stato, con funzione di consulenza giuridico-amministrativa e di tutela della giustizia nell'amministrazione; inoltre, è organo giurisdizionale per la tutela degli interessi legittimi e nelle materia indicate dalla legge. È composto da 7 sezioni, di cui 4 preposte a fornire pareri obbligatori o facoltativi". Scegli l'alternativa che abbina correttamente la descrizione all'istituzione.**

- A Tar
- B Cnel
- C Consiglio Supremo di Difesa
- D Consiglio di Stato
- E Corte dei Conti

Leggere il brano seguente e rispondere alla relativa domanda.

3 **«Le posizioni di Goltz e le sue polemiche con Hitzig lasciano trasparire opposte concezioni del mondo. [...] Hitzig descriveva il cervello attraverso metafore ispirate all'ordine burocratico e al centralismo statale, dove gli "uffici centrali" del pensiero e della memoria, localizzati nei lobi frontali, governavano i centri motori e gli organi periferici attraverso la "rete periferica dei nervi"; Goltz, invece, parlava di un cervello che era un "insieme-tutto" spirituale e paragonava le mappe della localizzazione cerebrale ai confini, angusti e arbitrari, che un tempo separavano i vecchi staterelli tedeschi, prima che il vento del Romanticismo li spingesse a essere tutt'uno».**

Nel passo sopra riportato si utilizzano metafore volte a spiegare:

- A la concezione del mondo di Hitzig e Goltz
- B la differenza fra Romanticismo e Decadentismo
- C come si inquadra il Romanticismo nella storia della cultura tedesca
- D la localizzazione delle funzioni cerebrali
- E la politica del Cancelliere di ferro

4 **«I have a dream...» («Ho un sogno...»). Washington, 28 agosto 1963. Di fronte a circa un milione di persone, a pronunciare quelle parole fu Martin Luther King. Qual era il sogno in questione?**

- A La fine della guerra in Corea
- B La fine della discriminazione razziale
- C La concessione di una costituzione
- D La "nuova frontiera" della politica americana
- E La fine della schiavitù

5 **Una recente indagine, ripresa dai media internazionali, ha evidenziato come in Italia, al pari che nel resto del mondo, a fronte di un calo degli spettatori cinematografici quelli teatrali sono in leggera crescita. Quale dei seguenti abbinamenti teatro/città è l'unico corretto?**

- A Metropolitan Opera House/New York
- B San Carlo/Venezia
- C Teatro Bolshoi/San Pietroburgo
- D Palais Garnier Opera/Bruxelles
- E La Fenice/Firenze

6 **L'inizio della presidenza Usa del repubblicano Donald Trump (2016) è coinciso un record storico dell'indice Dow Jones, che per la prima volta ha superato i 20mila punti. Si tratta dell'indice:**

- A dei titoli industriali quotati a Wall street
- B dei titoli tecnologici quotati a Wall street
- C dei titoli di Stato dei Paesi del G-20
- D dei titoli industriali quotati a Londra
- E dei titoli di Stato dei Paesi del Nafta

7 **Quale tra le seguenti lingue europee non appartiene alla famiglia linguistica Slava?**

- A Sloveno
- B Lituano
- C Polacco
- D Ucraino
- E Ceco

SESTA PROVA

Biologia

Tempo a disposizione: 25 minuti

8 Dall'incrocio tra due individui con genotipo Aa, quali genotipi e con quali probabilità si potranno avere in F_1?

A 100% aa
B 100% AA
C 50% Aa, 50% aa
D 50% AA, 25% Aa, 25% aa
E 25% AA, 50% Aa, 25% aa

9 Una mutazione genica puntiforme interessa:

A un intero cromosoma
B singoli nucleotidi
C parti cospicue di un singolo cromosoma
D un intero genoma
E unicamente l' RNA

10 Quale delle seguenti affermazioni che si riferiscono ai lisosomi NON è corretta?

A Al loro interno il valore di pH è circa 5
B Contengono enzimi idrolitici attivi
C Sono prodotti dall'apparato di Golgi
D Contengono enzimi ad azione perossidasica
E Sono coinvolti nei processi di autofagia

11 Individuare l'affermazione corretta:

A la produzione di progesterone favorisce l'ovulazione
B l'ovocita si sviluppa nel corpo luteo
C la produzione di progesterone inibisce l'ovulazione
D il progesterone è prodotto dal follicolo ovarico prima dell'ovulazione
E l'ovulazione avviene con l'inizio del ciclo mestruale

12 La volpe rossa e la volpe polare sono due specie affini capaci di incrociarsi tra loro anche se l'ibrido è sterile. La volpe rossa ha 18 coppie di cromosomi omologhi mentre la volpe artica ne ha 26. Quale sarà il numero di cromosomi nelle cellule somatiche dell'ibrido?

A 18
B 22
C 44
D 26
E 88

13 **La propagazione dell'impulso nervoso lungo un assone procede con verso obbligato perché:**

A la membrana cellulare ha modeste proprietà isolanti
B i canali del potassio sono tutti orientati in un verso ben preciso
C le cellule gliali che circondano l'assone consentono la propagazione in una sola direzione
D le zone già interessate allo stimolo sono refrattarie alla polarizzazione
E c'è continuità tra neuriti e dendriti

14 **La "ricombinazione" tra due geni è minima quando i geni sono localizzati:**

A sullo stesso cromosoma a grande distanza tra loro
B su cromosomi diversi
C sullo stesso cromosoma a piccola distanza tra loro
D sui cromatidi di cromosomi diversi
E uno sul cromosoma X e l'altro su un autosoma

15 **La melatonina è un ormone prodotto da una ghiandola posta alla base del cervello, e ha la funzione di regolare il ciclo sonno-veglia. Per questo è usata da chi fa lunghi viaggi in aereo con repentini cambi di fuso orario. La ghiandola che produce la melatonina è:**

A l'epifisi
B l'ipofisi
C la tiroide
D il timo
E il surrene

16 **La quantità di adenina presente in una molecola di mRNA prima della maturazione o *splicing* è uguale alla quantità di:**

A adenina della semielica di DNA trascritta
B uracile della semielica di DNA trascritta
C timina della semielica di m-RNA
D uracile della semielica di t-RNA
E timina della semielica di DNA trascritta

17 **Per quale/i delle proteine elencate è indicata la funzione esatta?**

1. Melanina → ormone
2. Tripsina → enzima
3. Citocromo c → trasporto elettroni
4. Cheratina → strutturale

A Solo 2, 3 e 4
B Solo 1
C Solo 2 e 3
D Solo 1, 2 e 4
E Solo 3 e 4

18 **Quale dei seguenti composti biochimici NON ha un numero pari di atomi di carbonio?**

A Glucosio
B Amilopectina
C Deossiribosio
D Amilosio
E Maltosio

SESTA PROVA

19 Non è possibile vedere al microscopio ottico:

1. il doppio strato fosfolipidico della membrana cellulare

2. i cloroplasti

3. il nucleolo

4. la DNA-polimerasi

A solo 4
B solo 3 e 4
C solo 1 e 3
D solo 1 e 4
E solo 1, 2 e 4

20 Dall'osservazione della figura, si può dedurre che essa rappresenta:

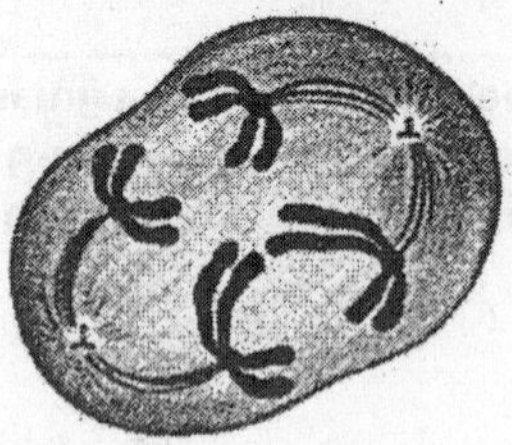

A l'anafase della 2ª divisione meiotica
B l'anafase della 1ª divisione meiotica
C la metafase della mitosi
D la profase della 1ª divisione meiotica
E l'anafase della mitosi

21 L'insetto dittero ematofago, vettore del parassita della malaria, appartiene al genere:

A *Anopheles*
B *Glossina*
C *Aedes*
D *Drosophila*
E *Plasmodium*

22 Quali sono i principali sistemi tampone del sangue?

A Nitrati e fosfati
B Fosfati e carbonati
C Proteine e carboidrati
D Glicerolo e glucosio
E Cloruri e fosfati

SESTA PROVA

Chimica e fisica

Tempo a disposizione: 25 minuti

23 Qual è la concentrazione molare degli ioni OH^- in una soluzione acquosa 10^{-3} M di glucosio?

A 7 M B 10^{-3} M C 10^{-5} M D 10^{-7} M E 10^{-11} M

24 Avendo un litro di una soluzione di acido forte a pH = 2 per ottenere un pH = 5 è necessario diluire a:

A 1000 litri
B 100 litri
C 50 litri
D 3 litri
E 7 litri

25 Quanti elettroni, protoni e neutroni ha, nell'ordine, lo ione O_2^-? Tener presente che la massa atomica di O è 16 uma, e il numero atomico è 8.

A 17 16 16
B 18 16 16
C 17 8 16
D 17 8 8
E 18 8 8

26 Le seguenti soluzioni acquose acide hanno diversi valori di pH:

1. 0,2 mol dm^{-3} HCl
2. 0,1 mol dm^{-3} HNO_3
3. 0,2 mol dm^{-3} H_2SO_4
4. 0,1 mol dm^{-3} CH_3COOH

Quale delle seguenti opzioni rappresenta la sequenza delle soluzioni in ordine crescente di pH (da sinistra a destra)?

A 1, 3, 2, 4 B 2, 4, 1, 3 C 3, 1, 2, 4 D 4, 3, 1, 2 E 4, 2, 1, 3

27 Nel corso di una reazione chimica, il rame metallico reagisce con una soluzione acquosa di $HClO_4$ per produrre $Cu(ClO_4)_2$ in soluzione acquosa e idrogeno allo stato gassoso che si libera nell'ambiente.

In questa reazione la specie che si comporta da riducente è:

A Il rame metallico
B $HClO_4$
C Lo ione Cu^{2+}
D $Cu(ClO_4)_2$
E L'idrogeno gassoso

SESTA PROVA

28 **Nella molecola del glucosio:**

A tutti i gruppi funzionali alcolici sono primari
B tutti i gruppi funzionali alcolici sono secondari
C tutti i gruppi funzionali sono alcolici
D non ci sono gruppi alcolici
E è presente un gruppo funzionale diverso dal gruppo alcolico

29 **"Per gli enzimi allosterici, la relazione tra la concentrazione del substrato e la velocità della reazione non può essere espressa dall'equazione di Michaelis-Menten. Anche questi enzimi presentano il fenomeno della saturazione da substrato quando quest'ultimo raggiunge concentrazioni sufficientemente elevate, ma se si riporta in un grafico la velocità iniziale della reazione catalizzata dagli enzimi allosterici in funzione della concentrazione del substrato, si ottiene una curva che ha andamento sigmoide e non iperbolico, come nel caso degli enzimi non allosterici. Sulla curva sigmoide in questione è possibile individuare un valore della concentrazione del substrato, alla quale la velocità risulta la metà di quella massima, ma tale valore, a differenza di quanto si verifica per gli enzimi non allosterici, non rappresenta la costante di Michaelis-Menten".**
Quale delle seguenti affermazioni NON può essere dedotta dalla lettura del brano precedente?

A L'equazione di Michaelis-Menten è valida sia per gli enzimi allosterici che per quelli non allosterici
B Quando la concentrazione del substrato raggiunge valori molto elevati, si verifica per tutti gli enzimi il fenomeno della saturazione da substrato
C Per gli enzimi non allosterici la curva rappresentativa della velocità iniziale della reazione in funzione della concentrazione del substrato ha andamento iperbolico
D Per gli enzimi allosterici la curva rappresentativa della velocità iniziale della reazione in funzione della concentrazione del substrato ha andamento sigmoide
E Per gli enzimi non allosterici, la concentrazione del substrato, a cui la velocità della reazione risulta la metà di quella massima, rappresenta la costante di Michaelis-Menten

SESTA PROVA

30 **I costituenti del fosfato di calcio [$Ca_3(PO_4)_2$] hanno le seguenti masse molari espresse in g/mol: Ca = 40, P = 31, O = 16.**
Si può affermare che 0,125 moli di tale composto:

A contengono $7{,}525 \times 10^{24}$ molecole
B hanno massa 155 g
C contengono una massa di calcio superiore quella dell'ossigeno
D dissociandosi completamente liberano 0,25 moli di cationi
E contengono 1 mole di atomi di ossigeno

31 **Una soluzione A è ipotonica rispetto a una soluzione B se:**

A alla stessa temperatura la tensione di vapore di A è minore della tensione di vapore di B
B alla stessa temperatura la tensione di vapore di A è maggiore della tensione di vapore di B
C la soluzione B congela a temperatura più alta rispetto alla soluzione A
D la soluzione B bolle a temperatura più bassa rispetto alla soluzione A
E alla stessa temperatura la pressione osmotica di A è maggiore della pressione osmotica di B

32 **Siano date 3 resistenze elettriche, ohmiche, una da 10 Ω, una da 20 Ω e una da 30 Ω. Siano poste in parallelo. La resistenza equivalente vale:**

A meno di 10 Ω B 10 Ω C 20 Ω D 30 Ω E più di 30 Ω

33 **Una barra magnetica si trova accanto a una spira fissa e collegata a un amperometro. In quale/i dei seguenti casi l'amperometro rileverà una corrente elettrica indotta?**

I. Se il magnete si avvicina alla spira con velocità costante
II. Se il magnete si avvicina alla spira con velocità crescente
III. Se il magnete si allontana dalla spira con velocità costante
IV. Se il magnete si allontana dalla spira con velocità crescente

A Solo I o II B Solo I o III C Solo II o IV D Solo III o IV E I o II o III o IV

34 **Quando un oggetto si muove a gran velocità in un fluido, la forza di trascinamento è data da $F = K \cdot v^2 \cdot A$, dove v è la velocità dell'oggetto e A è la sua superficie. Che tipo di grandezza è K?**

A Una massa
B Un'accelerazione
C Una lunghezza
D Una densità
E Una velocità

35 **In un libro di fisiologia leggiamo che mediamente nei mammiferi la circolazione polmonare ha una pressione più bassa della circolazione sistemica. Quale tra le seguenti motivazioni potrebbe essere una plausibile giustificazione fisica?**

A Il sangue povero di ossigeno ha una pressione inferiore
B Data la posizione relativa, la differenza di pressione idrostatica tra gli organi coinvolti nella circolazione polmonare è minore dell'analoga differenza di pressione nella circolazione sistemica
C Il volume del sangue immesso nella circolazione polmonare ogni secondo è assai minore di quello immesso nella circolazione sistemica
D Il sangue che scorre nei polmoni si muove lentamente, in modo da bene ossigenarsi
E Il sangue della circolazione sistemica, ricco di nutrienti, ha una pressione osmotica più alta

36 **Le onde elettromagnetiche che vengono utilizzate per le trasmissioni radio tra imbarcazioni:**

A non possono trasportare energia, che si scaricherebbe in mare
B trasportano energia, ma solo se in un certo intervallo di frequenze
C trasportano energia indipendentemente dalla frequenza utilizzata
D contengono campi elettrici, ma non magnetici
E contengono campi magnetici, ma non elettrici

37 **Il peso di un corpo sulla Luna è minore del peso dello stesso corpo sulla Terra perché:**

A la massa della Luna è minore della massa della Terra
B il rapporto tra la massa e il quadrato del raggio è maggiore per la Luna che per la Terra
C l'accelerazione di gravità diminuisce con l'aumentare della distanza dalla Terra
D il raggio della Luna è minore della massa della Terra
E la Luna è priva di atmosfera

Matematica e ragionamento

Tempo a disposizione: 25 minuti

---

38 **Se *n* è un intero positivo divisibile per 2, 5 e 7, quale delle seguenti affermazioni è vera?**

I. $n^2 + 100$ è divisibile per 100

II. $n + 28$ è divisibile per 14

III. $n^2 + 1$ è divisibile per 2

A Solo I e II B I, II e III C Nessuna D Solo I e III E Solo II e III

---

39 **Il rettangolo BCDE, inscritto nella circonferenza di raggio *r*, ha la base DC doppia dell'altezza $\overline{BC} = a$ e il triangolo ABE è isoscele.**

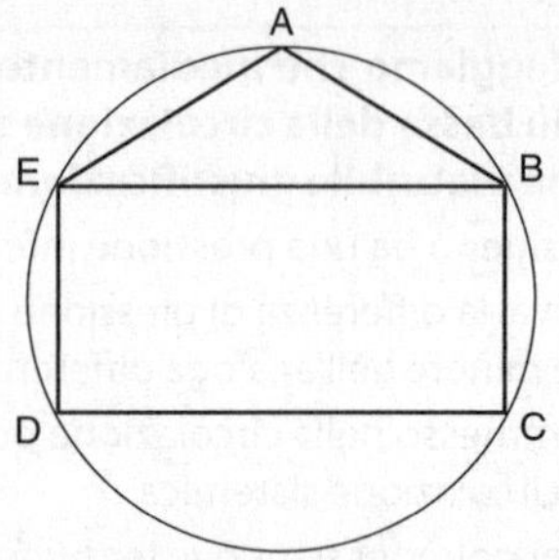

Quanto misura l'area del pentagono ABCDE?

A $\frac{1}{2}a(3a + 2r)$

B $\frac{1}{2}a(3r + 2a)$

C $\frac{1}{2}a(3a - 2r)$

D $\frac{3a - 2r}{2}$

E $3a^2 + 2ar$

---

40 **La seguente equazione ammette due soluzioni:**

$$\frac{x+4}{x+1} = x$$

Quanto vale la loro somma?

A −4

B −2

C 0

D 2

E 4

SESTA PROVA

41 **Uno studente ha percorso la strada casa-università in *x* minuti. Nel ritorno, lungo lo stesso percorso, la sua velocità media è aumentata di un terzo. Quale delle seguenti espressioni indica il tempo complessivo in minuti impiegato per andata e ritorno?**

A (3 / 4) x
B (4 / 3) x
C (5 / 3) x
D (7 / 4) x
E $3x$

42 **La distanza tra i punti di intersezione delle due rette $x = 3$ e $y = -4$ con gli assi misura:**

A –5
B –1
C 1
D 5
E 7

43 **Il pavimento di un locale a forma rettangolare, di lati rispettivamente 4 e 6 metri, è stato ricoperto con piastrelle di forma simile al rettangolo del pavimento. Il costo di ogni piastrella è stato di € 4 e quello di tutte le piastrelle di € 1.600. Quali sono le dimensioni di ogni piastrella?**

A 20 cm e 30 cm
B 25 cm e 50 cm
C 18 cm e 27 cm
D 12 cm e 18 cm
E 10 cm e 15 cm

44 **Una certa massa di un gas perfetto subisce una trasformazione adiabatica. Quale delle seguenti situazioni è compatibile con questo tipo di trasformazione?**

A Il lavoro è compiuto sul gas, l'energia interna aumenta e l'energia scambiata sotto forma di calore è zero
B Il lavoro è compiuto sul gas, l'energia interna diminuisce e l'energia scambiata sotto forma di calore è zero
C Nessun lavoro viene compiuto dal gas o sul gas, l'energia interna aumenta e l'energia viene trasferita al gas tramite riscaldamento
D Il lavoro è compiuto dal gas, l'energia interna rimane costante e l'energia viene trasferita al gas sotto forma di calore
E Nessun lavoro viene compiuto dal gas o sul gas, l'energia interna diminuisce e l'energia viene ceduta dal gas sotto forma di calore

45 **Bernardo, in una settimana, beve i 3/8 delle bottiglie di birra che ha in casa. Quindi reintegra la sua scorta acquistando gli 11/5 delle bottiglie rimaste, anche perché ha deciso di invitare alcuni amici con i quali, poi, beve i 15/16 delle bottiglie di birra della sua dispensa. Sapendo che ora gli sono rimaste solo tre bottiglie, a quante bottiglie ammontava la sua scorta iniziale?**

A 2/5
B 33
C 24
D 15
E 48

SESTA PROVA

46 **Le piastrelle (quadrate) del pavimento (rettangolare) di un locale di dimensioni $4 \times 6 = 24$ metri quadrati sono costate complessivamente 600 euro. Sapendo che il costo unitario delle piastrelle è di 4 euro, quanto misura il lato della piastrella?**

- A 4 cm
- B 20 cm
- C 30 cm
- D 40 cm
- E 50 cm

47 **Se dodici chili di zucchine costano 24 euro, quanto costa una zucchina dal peso di 250 grammi?**

- A 0,2 euro
- B 0,5 euro
- C 1,2 euro
- D 1 euro
- E 3 euro

48 **Un viaggiatore a Parigi si imbarca su un aereo diretto verso est. Il volo impiega 7 ore e la sua destinazione si trova a 4 fusi orari di distanza. Se parte alle ore 20:30 del 30 aprile, che ore sono e che giorno è quando arriva?**

- A Le 7:30 del 30 aprile
- B Le 7:30 del primo maggio
- C Le 19:30 del primo maggio
- D Le 23:30 del 30 aprile
- E Le 7:30 del 31 aprile

49 **La numerazione delle case in una strada comincia, da un lato, con i numeri 1, 2, 3, 4... Alla fine della strada la numerazione prosegue sul lato opposto in direzione inversa, cosicché il numero più alto si trova di fronte al numero 1. Le case sono di identica larghezza, quindi ciascun edificio ne ha uno esattamente di fronte. Se il numero 17 è di fronte al numero 56, quante case ci sono nella strada?**

- A 39
- B 72
- C 37
- D 73
- E 36

50 **«Solo se Walter esce incontra Fabrizio».**
Se quanto affermato è vero, quale delle seguenti affermazioni è vera?

- A Walter e Fabrizio sono amici
- B Nulla si può dire di quel che accade se Walter non esce
- C Se Walter esce incontra sicuramente Fabrizio
- D Se Walter ha incontrato Fabrizio significa che è uscito
- E Se Walter non ha incontrato Fabrizio allora non è uscito

SESTA PROVA

Soluzioni della sesta prova

Alpha Test

Risposte esatte della sesta prova

Verificare le risposte relative alle domande della prova simulata

	A	B	C	D	E		A	B	C	D	E
1		■				26			■		
2				■		27	■				
3				■		28					■
4		■				29	■				
5	■					30					■
6	■					31		■			
7		■				32	■				
8					■	33					■
9		■				34				■	
10				■		35		■			
11			■			36			■		
12			■			37	■				
13				■		38	■				
14			■			39	■				
15	■					40			■		
16					■	41				■	
17	■					42				■	
18			■			43	■				
19				■		44	■				
20		■				45			■		
21	■					46				■	
22		■				47		■			
23				■		48		■			
24	■					49		■			
25	■					50				■	

SESTA PROVA

Prove di verifica

SETTIMA PROVA

Scheda delle risposte

Alpha Test — **Scheda per le risposte della settima prova**

Contrassegnare le risposte relative alle domande della prova simulata

	A	B	C	D	E		A	B	C	D	E
1	▢	▢	▢	▢	▢	26	▢	▢	▢	▢	▢
2	▢	▢	▢	▢	▢	27	▢	▢	▢	▢	▢
3	▢	▢	▢	▢	▢	28	▢	▢	▢	▢	▢
4	▢	▢	▢	▢	▢	29	▢	▢	▢	▢	▢
5	▢	▢	▢	▢	▢	30	▢	▢	▢	▢	▢
6	▢	▢	▢	▢	▢	31	▢	▢	▢	▢	▢
7	▢	▢	▢	▢	▢	32	▢	▢	▢	▢	▢
8	▢	▢	▢	▢	▢	33	▢	▢	▢	▢	▢
9	▢	▢	▢	▢	▢	34	▢	▢	▢	▢	▢
10	▢	▢	▢	▢	▢	35	▢	▢	▢	▢	▢
11	▢	▢	▢	▢	▢	36	▢	▢	▢	▢	▢
12	▢	▢	▢	▢	▢	37	▢	▢	▢	▢	▢
13	▢	▢	▢	▢	▢	38	▢	▢	▢	▢	▢
14	▢	▢	▢	▢	▢	39	▢	▢	▢	▢	▢
15	▢	▢	▢	▢	▢	40	▢	▢	▢	▢	▢
16	▢	▢	▢	▢	▢	41	▢	▢	▢	▢	▢
17	▢	▢	▢	▢	▢	42	▢	▢	▢	▢	▢
18	▢	▢	▢	▢	▢	43	▢	▢	▢	▢	▢
19	▢	▢	▢	▢	▢	44	▢	▢	▢	▢	▢
20	▢	▢	▢	▢	▢	45	▢	▢	▢	▢	▢
21	▢	▢	▢	▢	▢	46	▢	▢	▢	▢	▢
22	▢	▢	▢	▢	▢	47	▢	▢	▢	▢	▢
23	▢	▢	▢	▢	▢	48	▢	▢	▢	▢	▢
24	▢	▢	▢	▢	▢	49	▢	▢	▢	▢	▢
25	▢	▢	▢	▢	▢	50	▢	▢	▢	▢	▢

SETTIMA PROVA

Tempo a disposizione: 90 minuti – Tempo consigliato: 80 minuti

Comprensione del testo e conoscenze acquisite negli studi

Tempo a disposizione: 15 minuti

1 **Il termine "statistica" è impiegato per esprimere concetti aventi significati diversi. Il più usuale è quello con cui si indica un insieme di dati riguardanti la rilevazione di un particolare fenomeno. Si può pertanto avere una "statistica" dei prezzi, una "statistica" delle immatricolazioni di auto, della popolazione, ecc. Con il termine "statistica" si intende anche un insieme concettuale che costituisce, per sua natura, una branca del sapere. Si tratta di una scienza che è costituita da un insieme di metodi, o metodologie, che costituisce uno strumento della ricerca empirica. Con il termine "statistica" si può infine intendere un particolare parametro caratterizzante una determinata distribuzione.**

Tra le "statistiche" intese come insieme di dati riguardanti un certo fenomeno, particolare interesse presentano le "statistiche economiche". Si pone, al riguardo, il problema di cosa si debba intendere per "statistica economica" (nel senso di raccolta sistematica di dati). Occorre stabilire, di conseguenza, quando una statistica può essere considerata nel novero delle statistiche economiche. Deve avere innanzi tutto la finalità di fornire elementi utili per l'analisi economica di un sistema o, in ogni caso, quantificare fenomeni che per loro natura rientrano nella sfera dell'economico.

Stando al brano, il termine "statistica" NON indica:

A un insieme di dati riguardanti un fenomeno
B una scienza
C uno strumento della ricerca empirica
D l'analisi economica di un sistema
E un insieme concettuale

2 ***Alla ricerca del tempo perduto* è il titolo di un celebre ciclo narrativo novecentesco composto da sette romanzi scritto da:**

A Thomas Mann
B Gabriele D'Annunzio
C Luigi Pirandello
D Philip Roth
E Marcel Proust

Leggi la seguente notizia, comparsa nell'estate 2022 sul sito www.ansa.it, e rispondi alle relative domande.

L'FBI ha sequestrato 25 dipinti attribuiti a Jean Michel Basquiat e messo i sigilli su una mostra in Florida con una settimana di anticipo rispetto alla data di chiusura. I quadri, dipinti su cartoni di reimpiego, erano esposti all'Orlando Museum of Fine Arts e, una volta conclusa la rassegna, avrebbero dovuto partire per l'Italia. La mostra "Heroes and Monster" è adesso in possesso dell'FBI, ha confermato al "New York Times" la portavoce del museo, Emilia Bourmas-Fry, precisando che l'istituzione culturale è coinvolta nell'inchiesta solo in quanto testimone. Per giustificare il sequestro, il mandato federale nota che ci sono motivi di dubitare che i quadri siano autentici, cita dubbi sull'origine della collezione per come è stata descritta dai suoi proprietari e esprime sospetti che l'intenzione finale fosse quella di vendere. Se autentici, i quadri avrebbero un valore di cento milioni di dollari, secondo Putnam Fine Art and Antique Appraisals, che li ha valutati per conto degli attuali proprietari. Vendere opere d'arte false con la consapevolezza che lo sono è d'altro canto un crimine federale. A condurre l'inchiesta è l'Art Crime Team dell'Fbi. Tra i punti controversi della vicenda c'è la perizia di un industrial designer, Lindon Leader, secondo cui i caratteri Univers del marchio Federal Express stampati su uno dei cartoni entrarono in uso solo nel 1994, sei anni dopo la morte dell'artista. Leader lo sa perché fu lui a ridisegnare la versione aggiornata del brand. Le opere, secondo la versione dei proprietari avvalorata dal museo della Florida, sarebbero state create da Basquiat nel 1982 durante un breve soggiorno a Venice, il quartiere della bohème di Los Angeles. L'artista li avrebbe poi venduti per cinquemila dollari del tempo a Thad Mumford, un produttore televisivo morto quattro anni fa, che li avrebbe chiusi in magazzino e per trent'anni se ne sarebbe dimenticato. Intervistato dall'agente dell'Fbi Elizabeth Rivas prima di morire, Mumford avrebbe negato di aver mai comprato opere da Basquiat. Avrebbe detto anche che gli attuali proprietari avevano cercato di convincerlo a firmare documenti che avrebbero certificato l'autenticità "in cambio del 10 per cento dei proventi". I quadri appartengono oggi a William Force, un gallerista, e Lee Mangan, un venditore di commercio, i quali li avrebbero comprati nel 2012 per 15 mila dollari dopo che il contenuto del magazzino di Mumford era stato pignorato per mancato pagamento dell'affitto: uno scenario che il gallerista Larry Gagosian, di cui Basquiat era ospite a Los Angeles quando i cartoni sarebbero stati dipinti, ha definito "altamente improbabile" con il "New York Times".

3 Individua l'unico abbinamento errato tra quelli proposti dalle alternative.

- A Jean Michel Basquiat – artista
- B Lindon Leader – industrial design
- C Larry Gagosian – gallerista e co-proprietario dei quadri sequestrati
- D Elisabeth Rivas – agente FBI che ha intervistato Mumford
- E Thad Mumford – produttore tv indicato come primo acquirente dei quadri sequestrati

4 Nel brano a un certo punto viene citato il corriere Federal Express. Come mai?

- A È stato usato per il sequestro dell'FBI
- B È stato usato per pignorare le opere dal magazzino di Mumford
- C Il logo compare in un'opera e ne testimonia l'autenticità
- D Testimonia la buona fede dell'Orlando Museum of Fine Arts
- E Il logo compare in un'opera e ne testimonia la falsità

5 Completare la seguente frase che si potrebbe leggere in un referto medico:
Si è provveduto ____________ di un basalioma nella regione temporale sinistra.

- A all'accessione
- B all'accezione
- C all'eccezione
- D all'escissione
- E all'esecrazione

SETTIMA PROVA

6 **Scegli l'unica alternativa che completa correttamente il brano.**

"Apollonio filtra il materiale omerico con la sensibilità dello specialista che cerca il termine raro o crea il nesso rivelatore di un preziosismo che sa di lucerna: unisce parole omeriche che in Omero non sono mai accostate, innesta parole nuove in un verso riplasmato su un esametro omerico, a un termine antico dà una nuova accezione ________________, adotta tutti gli espedienti di quella che si chiama la tecnica allusiva."

A innovativa
B etimologica
C semantica
D impropria
E onomatopeica

7 **Nonostante gli sforzi comuni, a livello globale, anche nella seconda decade del Duemila, le emissioni annue di CO_2 continuano a crescere. Individua l'alternativa che riporta nell'ordine corretto i Paesi più inquinanti.**

A Usa; Cina; Russia
B Cina; Russia; Usa
C Usa; Russia; Unione europea
D Cina; Usa; Unione europea
E Cina; Russia; Giappone

SETTIMA PROVA

Biologia

Tempo a disposizione: 25 minuti

---

8 Quale delle seguenti affermazioni è CORRETTA?

- A La riproduzione asessuata è più semplice e risulta più vantaggiosa, in caso di stabilità ambientale, rispetto a quella sessuata
- B La riproduzione sessuata è più semplice e risulta più vantaggiosa, in caso di variazioni ambientali, di quella asessuata
- C La riproduzione sessuata è più complessa e risulta più svantaggiosa, in caso di variazioni ambientali, rispetto a quella asessuata
- D La riproduzione asessuata è più semplice e risulta più vantaggiosa, in caso di variazioni ambientali, rispetto a quella sessuata
- E La riproduzione asessuata e quella sessuata sono ugualmente vantaggiose perché sono semplici, rapide e danno una figliolanza molto numerosa

---

9 In una razza di cani il carattere "assenza di pelo" è dovuto al genotipo eterozigote Hh. I cani con pelo normale sono omozigoti recessivi (hh); il genotipo omozigote dominante (HH) è letale e gli individui nascono morti. Dall'incrocio tra due cani mancanti di pelo, con quale frequenza si hanno cuccioli mancanti di pelo, sul totale dei cuccioli nati vivi?

- A Nessuno mancante di pelo
- B 2/3
- C 1/3
- D Tutti a pelo normale
- E Tutti mancanti di pelo

---

10 Esistono molteplici forme di memoria che hanno sede in zone diverse del cervello: la memoria procedurale che riguarda le nostre abilità percettive e motorie, e la memoria dichiarativa o esplicita, distinta in memoria semantica, cioè la capacità di ricordare quanto sappiamo, e memoria episodica, la capacità di ricordare gli eventi. Si deve poi distinguere tra memoria a breve termine e memoria a lungo termine. Quest'ultima trattiene le informazioni per un lungo lasso di tempo, grazie anche a meccanismi emotivi di consolidamento. La capacità di andare in bicicletta anche dopo molti anni che non la si usa più può essere attribuita a:

- A memoria episodica
- B memoria esplicita
- C memoria semantica
- D memoria visiva
- E memoria procedurale

---

11 Endocardio e pericardio sono:

- A rivestimenti delle arterie
- B rivestimenti delle articolazioni
- C legamenti di inserzione dei muscoli sulle ossa
- D membrane protettive dell'encefalo
- E membrane di rivestimento del cuore

12 **Nel 1977 K. Itakura ha ottenuto batteri modificati capaci di produrre somatostatina, una proteina umana di soli 14 amminoacidi implicata nella regolazione del metabolismo dei carboidrati. La tecnica da lui usata venne in seguito utilizzata per produrre molti altri prodotti, come ormoni, enzimi, anticorpi, vaccini. Questa tecnologia è oggi nota come:**

A clonazione
B ricombinazione genica nei cromosomi
C PCR o reazione a catena della polimerasi
D tecnologia del DNA ricombinante
E produzione di nuove specie

13 **La figura rappresenta una tipica vertebra toracica.**

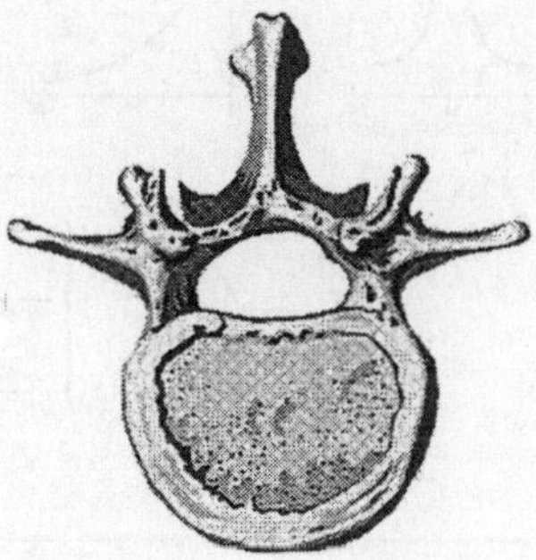

Si può asserire che il corpo vertebrale:

A è rivolto verso l'interno del nostro corpo
B si articola con le costole
C è rivolto verso l'esterno del nostro corpo
D si articola con lo sterno
E racchiude il midollo spinale

14 **Si consideri l'albero genealogico di una famiglia in cui è presente un gene recessivo legato al sesso che determina una malattia genetica.**

○ = individuo sano
■ ●= individui malati

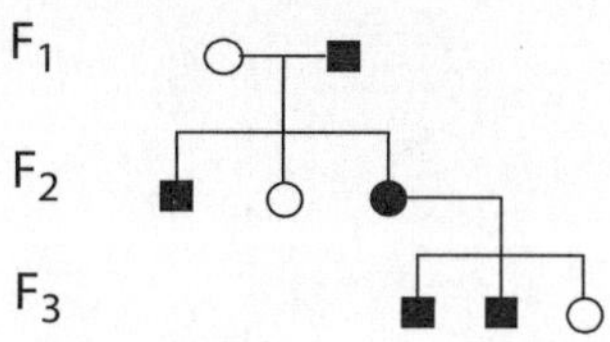

Possiamo dire con certezza che:

A la femmina sana di F_2 è omozigote
B la femmina malata di F_2 è eterozigote
C la femmina sana di F_3 è sicuramente omozigote
D la femmina di F_1 è eterozigote
E uno dei maschi di F_3 avrà sicuramente un figlio maschio malato

15 In quale processo biochimico cellulare sono implicati l'acido citrico, l'acido succinico e l'acido ossalacetico?

- A La fermentazione lattica
- B Il ciclo di Krebs
- C L'ossidazione dell'acido piruvico
- D La fotosintesi
- E La glicolisi anaerobia

16 Quale tra i grafici meglio rappresenta la produzione dell'ormone FSH durante il ciclo ovarico?

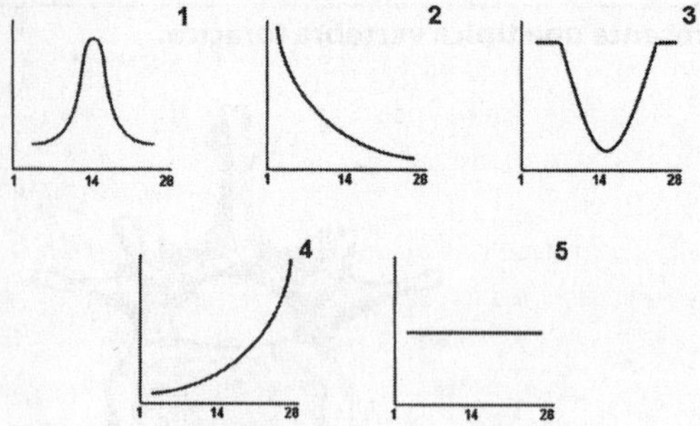

- A 5
- B 3
- C 1
- D 4
- E 2

17 Gli indigeni dell'Amazzonia utilizzavano il curaro nella fabbricazione delle frecce mortali usate per la caccia. Il curaro si lega irreversibilmente ai recettori sinaptici dell'acetilcolina. La causa prima della morte delle prede era pertanto dovuta a:

- A perdita di coscienza
- B paralisi dei muscoli cerebrali
- C paralisi dei muscoli respiratori
- D blocco del muscolo cardiaco
- E blocco del nervo vago

18 Nelle proteine possono essere presenti:

1. catene di acidi grassi

2. legami estere

3. legami peptidici

4. legami idrogeno

- A solo 1 e 2
- B tutti
- C solo 1 e 3
- D solo 3 e 4
- E solo 2 e 3

19 Il significato del termine "analgesia" è:

- A suturazione di vasi sanguigni
- B intolleranza al lattosio
- C sensibilità al dolore
- D perdita di liquidi biologici
- E assenza della sensazione del dolore

20 **Quale/i tra le seguenti sostanze sono prodotte durante la fase luminosa del processo fotosintetico?**

1. O_2

2. ATP

3. NADPH

A Solo 1 e 3
B Solo 1 e 2
C Solo 2 e 3
D Tutte
E Solo 2

21 **Quale delle seguenti affermazioni sull'uretra è corretta?**

A È un tratto delle vie genitali femminili
B Trasporta l'urina dal rene alla vescica
C Origina dai calici renali
D È un condotto in comune dell'apparato digerente e urinario
E Trasporta l'urina dalla vescica all'esterno

22 **Quale delle seguenti affermazioni relative alla duplicazione del DNA NON è corretta?**

A La sintesi di uno dei due nuovi filamenti avviene in modo discontinuo
B Il DNA di nuova sintesi viene polimerizzato in direzione 3'→5' su uno dei due filamenti parentali e in direzione 5'→3' sull'altro
C Da ogni origine di replicazione si formano due forcelle di replicazione
D Entrambi i filamenti del DNA parentale sono usati come stampo
E Il legame tra l'innesco a RNA e il relativo frammento di Okazaki è di tipo covalente

SETTIMA PROVA

Chimica e fisica

Tempo a disposizione: 25 minuti

23 **A quale volume è necessario portare 30 ml di HCl 3 M per ottenere HCl 0,5 M?**

- A 60 ml
- B 180 ml
- C 360 ml
- D 90 ml
- E 5 ml

24 **Se 0,3 moli di CO_2 occupano un volume pari a 6,72 litri, che volume occupa lo stesso numero di moli di NO nelle stesse condizioni di temperatura e pressione?**

- A 2240 mL
- B 2,24L
- C 6720 mL
- D 67,20 cL
- E 0,3 L

25 **Un valore positivo della variazione di energia libera indica che la reazione è:**

- A spontanea
- B endotermica
- C esotermica
- D molto veloce
- E non spontanea

26 **Il ciclopentano:**

- A presenta carattere aromatico
- B può andare incontro a reazioni di sostituzione
- C è costituito da 5 atomi di C e 5 atomi di H
- D possiede atomi di C ibridati *sp*
- E dà facilmente reazioni di addizione

27 **Qual è la differenza tra miscugli e composti?**

- A I miscugli sono formati da sostanze mescolate in proporzioni variabili, e i composti sono costituiti da due o più elementi presenti in proporzioni fisse
- B I miscugli sono formati da sostanze mescolate e i composti da elementi mescolati
- C I miscugli sono formati da sostanze mescolate in proporzioni fisse, e i composti sono costituiti da due o più elementi presenti in proporzioni fisse.
- D I miscugli sono formati da sostanze mescolate in proporzioni fisse, e i composti sono costituiti da due o più elementi presenti in proporzioni variabili
- E Non vi è nessuna differenza tra miscugli e composti

28 **Nella reazione $2\ HBr + I_2 \rightarrow 2\ HI + Br_2$:**

A il bromo si riduce e lo iodio si ossida
B il bromo si ossida e lo iodio si riduce
C il bromo e lo iodio si ossidano e l'idrogeno si riduce
D l'idrogeno si riduce e lo iodio si ossida
E l'idrogeno e il bromo si ossidano e lo iodio si riduce

29 **La densità di un liquido è 1,08 kg/l. Ciò significa che:**

A 10 ml pesano 10,8 g
B 1 ml pesa 1,08 kg
C 1 l pesa 10,8 g
D 10 ml pesano 108 mg
E 1 l pesa 1080 mg

30 **Si assuma che, per gli elementi proposti, i numeri di ossidazione siano i seguenti:**

N = –3 H = +1 Cr = +6 O = –2

Quale delle formule indicata è corretta?

A NH_4CrO_7
B $[(NH_4)_2CrO_4]^+$
C $(NH_4)_3CrO_4$
D $(NH_4)_2CrO_4$
E $[(NH_4)_3CrO_4]^-$

31 **Si definisce racemo:**

A una miscela in parti eguali di due enantiomeri
B una miscela in parti eguali di due diasteroisomeri
C un composto otticamente attivo
D un composto con due centri chirali equivalenti
E una qualsiasi miscela di due enantiomeri

32 **Un astronauta a bordo della stazione spaziale internazionale sperimenta l'assenza di gravità perché:**

A è al di fuori del campo gravitazionale terrestre
B la forza attrattiva della Luna annulla quella della Terra
C è in movimento
D sta accelerando alla stessa velocità della stazione spaziale
E si sta muovendo lungo un'orbita circolare attorno alla Terra

33 **Una cascata di altezza 10 m ha una portata d'acqua di 1000 litri al secondo. Se poteste utilizzare la cascata come generatore di elettricità, quale potenza massima potreste più o meno estrarre, idealmente?**

A 0,1 KW
B 0,1 MW
C 1 MW
D 1 KW
E 10 KW

34 **La relazione tra C = gradi Celsius e F = gradi Fahrenheit è espressa da:**

$$C = 5(F - 32)/9$$

A quale temperatura un termometro con scala Fahrenheit indica lo stesso numero di gradi di un termometro con scala Celsius?

- A – 11
- B 40
- C – 40
- D 32
- E – 32

35 **Quali delle seguenti coppie di grandezze fisiche NON hanno la stessa equazione dimensionale?**

- A Lavoro ed energia meccanica
- B Impulso e quantità di moto
- C Peso e forza elastica
- D Energia elettrica e quantità di calore
- E Forza e pressione

36 **Una lampadina da 100 W e un ferro da stiro da 1 kW possono consumare la stessa energia?**

- A Sì, se funzionano per tempi inversamente proporzionali alla loro potenza
- B Sì, se funzionano per tempi uguali
- C Sì, quando sono alimentati in serie
- D No, in nessun caso
- E Sì, quando sono alimentati in parallelo

37 **Un giradischi si muove a 45 giri al minuto. Per calcolare la velocità angolare in radianti al secondo, quale dei seguenti calcoli è CORRETTO?**

- A v. angolare = $45 \cdot 2\pi/360 = 0{,}8$ rad/s
- B v. angolare = $45/60 = 0{,}75$ rad/s
- C v. angolare = $45 \cdot 2\pi/180 = 1{,}6$ rad/s
- D manca il valore del raggio del disco per poter eseguire il conto
- E v. angolare = $45 \cdot 2\pi/60 = 4{,}7$ rad/s

Matematica e ragionamento

Tempo a disposizione: 25 minuti

38 **Calcolare il valore della seguente frazione:**

$$\frac{127^2 - 73^2}{2}$$

A 1458
B 5400
C 10000
D 10800
E 20000

39 **Luca arriva in ritardo davanti a scuola una volta su tre e quando arriva puntuale si attarda al bar con gli amici una volta su quattro. Qual è la probabilità che Luca entri puntualmente in classe?**

A $\frac{1}{12}$
B $\frac{3}{4}$
C $\frac{1}{4}$
D $\frac{1}{6}$
E $\frac{1}{2}$

40 **Il polinomio $ax^4 - 3x^2 + 1$ con a numero reale:**

A ha come zero $x = 1$ in corrispondenza di un valore a positivo
B è irriducibile per ogni valore di a
C ha come zero $x = -1$ per il valore di a uguale a uno
D ha come zero $x = 2$ per il valore di a uguale a uno
E si scompone in $(x^2 - 1)(ax^2 - 1)$ per ogni valore di a

41 **Se $f(n) = n + \sqrt{n}$, con n intero positivo, quale dei seguenti potrebbe essere uno dei valori di $f(n)$?**

I. 5
II. 10
III. 12

A Solo III B Nessuno C Solo I e III D I, II e III E Solo II e III

SETTIMA PROVA

42 **Una radice dell'equazione $2^{x+2} \cdot 3^x = \frac{1}{9}$ è:**

A 2 B 0 C $\frac{1}{2}$ D $\frac{2}{3}$ E -2

43 **Alessandra e Marcella giocano con una moneta e un dado a sei facce. Alessandra vince se escono testa e un numero pari. Marcella vince se esce croce o il numero 3 (o entrambi). Negli altri casi pareggiano.**

Qual è la probabilità che pareggino?

A 1/3
B 1/4
C 1/6
D 1/12
E 5/6

44 **Un triangolo rettangolo ha i cateti di lunghezza 1 e $\sqrt{3}$.**
Qual è la lunghezza dell'altezza relativa all'ipotenusa?

A 2
B $\frac{\sqrt{3}}{2}$
C $\sqrt{2}$
D $\frac{\sqrt{2}}{2}$
E $\frac{3}{2}$

45 **Un albero cresce ogni anno di 1/6 della sua altezza. Se dopo 2 anni l'altezza è 3 m, qual era all'incirca l'altezza iniziale?**

A 2.40 m
B 2.20 m
C 2.10 m
D 2.30 m
E 2.00 m

46 **Una cassetta per la frutta pesa 400 grammi. Sapendo che la frutta rappresenta il 92% del peso lordo, qual è il peso della cassetta piena di frutta?**

A 500 grammi
B 2.500 grammi
C 5.000 grammi
D 4.600 grammi
E 5.400 grammi

47 **Mari e oceani coprono i 7/10 della superficie terrestre. Sapendo che le terre emerse si estendono per circa 150 milioni di km^2, quanto misura la superficie (terre emerse più oceani) totale della Terra?**

A 350 milioni di km^2

B 500 milioni di km^2

C 500 km^2

D 500.000.000.000 m^2

E 1.050 milioni di m^2

---

48 **Un'azienda per il trasporto urbano dispone di 77 mezzi tra autobus da 50 posti e pulmini da 20 posti. Gli autobus sono 57 e i pulmini sono 20. Tra i 77 mezzi, 22 sono quelli dotati di motore elettrico, mentre gli altri hanno motore diesel. Se i pulmini con motore diesel sono 15, quanti saranno gli autobus a motore diesel?**

A 35

B 40

C 45

D 47

E 55

---

49 **Si individui il numero che completa correttamente la serie:**

16, 13, 39, 35, 140, 135, ?

A 130

B 650

C 625

D 675

E 345

---

50 **Stefania dice che tutti i polli in vendita nei supermercati provengono da allevamenti intensivi. Quale delle seguenti affermazioni equivale a quella di Stefania?**

A Tutti i polli provenienti da allevamenti intensivi sono venduti nei supermercati

B Tutti i polli che non provengono da allevamenti intensivi non vengono venduti nei supermercati

C Tutti i polli che sono venduti al di fuori dei supermercati non provengono da allevamenti intensivi

D Esistono polli provenienti da allevamenti intensivi che sono venduti fuori dai supermercati

E Esistono polli provenienti da allevamenti non intensivi che vengono venduti in qualche supermercato

Soluzioni della settima prova

Alpha Test — **Risposte esatte della settima prova**

Verificare le risposte relative alle domande della prova simulata

	A	B	C	D	E		A	B	C	D	E
1	□	□	□	■	□	26	□	■	□	□	□
2	□	□	□	□	■	27	■	□	□	□	□
3	□	□	■	□	□	28	□	■	□	□	□
4	□	□	□	□	■	29	■	□	□	□	□
5	□	□	□	■	□	30	□	□	□	■	□
6	□	□	■	□	□	31	■	□	□	□	□
7	□	□	□	■	□	32	□	□	□	□	■
8	■	□	□	□	□	33	□	■	□	□	□
9	□	■	□	□	□	34	□	□	■	□	□
10	□	□	□	□	■	35	□	□	□	□	■
11	□	□	□	□	■	36	■	□	□	□	□
12	□	□	□	■	□	37	□	□	□	□	■
13	■	□	□	□	□	38	□	■	□	□	□
14	□	□	□	■	□	39	□	□	□	□	■
15	□	■	□	□	□	40	■	□	□	□	□
16	□	□	■	□	□	41	■	□	□	□	□
17	□	□	■	□	□	42	□	□	□	□	■
18	□	□	□	■	□	43	□	□	■	□	□
19	□	□	□	□	■	44	□	■	□	□	□
20	□	□	□	■	□	45	□	■	□	□	□
21	□	□	□	□	■	46	□	□	■	□	□
22	□	■	□	□	□	47	□	■	□	□	□
23	□	■	□	□	□	48	□	■	□	□	□
24	□	□	■	□	□	49	□	□	□	■	□
25	□	□	□	□	■	50	□	■	□	□	□

SETTIMA PROVA

Prove di verifica

OTTAVA PROVA

Scheda delle risposte

Alpha Test

Scheda per le risposte della ottava prova

Contrassegnare le risposte relative alle domande della prova simulata

	A	B	C	D	E		A	B	C	D	E
1	▢	▢	▢	▢	▢	26	▢	▢	▢	▢	▢
2	▢	▢	▢	▢	▢	27	▢	▢	▢	▢	▢
3	▢	▢	▢	▢	▢	28	▢	▢	▢	▢	▢
4	▢	▢	▢	▢	▢	29	▢	▢	▢	▢	▢
5	▢	▢	▢	▢	▢	30	▢	▢	▢	▢	▢
6	▢	▢	▢	▢	▢	31	▢	▢	▢	▢	▢
7	▢	▢	▢	▢	▢	32	▢	▢	▢	▢	▢
8	▢	▢	▢	▢	▢	33	▢	▢	▢	▢	▢
9	▢	▢	▢	▢	▢	34	▢	▢	▢	▢	▢
10	▢	▢	▢	▢	▢	35	▢	▢	▢	▢	▢
11	▢	▢	▢	▢	▢	36	▢	▢	▢	▢	▢
12	▢	▢	▢	▢	▢	37	▢	▢	▢	▢	▢
13	▢	▢	▢	▢	▢	38	▢	▢	▢	▢	▢
14	▢	▢	▢	▢	▢	39	▢	▢	▢	▢	▢
15	▢	▢	▢	▢	▢	40	▢	▢	▢	▢	▢
16	▢	▢	▢	▢	▢	41	▢	▢	▢	▢	▢
17	▢	▢	▢	▢	▢	42	▢	▢	▢	▢	▢
18	▢	▢	▢	▢	▢	43	▢	▢	▢	▢	▢
19	▢	▢	▢	▢	▢	44	▢	▢	▢	▢	▢
20	▢	▢	▢	▢	▢	45	▢	▢	▢	▢	▢
21	▢	▢	▢	▢	▢	46	▢	▢	▢	▢	▢
22	▢	▢	▢	▢	▢	47	▢	▢	▢	▢	▢
23	▢	▢	▢	▢	▢	48	▢	▢	▢	▢	▢
24	▢	▢	▢	▢	▢	49	▢	▢	▢	▢	▢
25	▢	▢	▢	▢	▢	50	▢	▢	▢	▢	▢

OTTAVA PROVA

Tempo a disposizione: 90 minuti – Tempo consigliato: 80 minuti

Comprensione del testo e conoscenze acquisite negli studi

Tempo a disposizione: 15 minuti

Leggere il brano seguente e rispondere alla relativa domanda.

1 **«Le collaborazioni del CERN (nato nel 1954) coprono oggi tutto il mondo e tutti i campi della fisica. Va però ricordato ancora almeno un altro risultato ottenuto dal CERN che ha cambiato la vita di tutti noi e cioè il World Wide Web (Tim Berners-Lee e Robert Caillau, 1990) che sotto l'acronimo www ha unificato e connesso in tempo reale tutto il mondo. Da osservare che gli autori del web non hanno voluto brevettare la loro creatura perché realizzata nell'ambito di ricerche finanziate con fondi pubblici.**

C'è infine un risvolto della grande epopea della fisica del Novecento che varrebbe la pena di studiare meglio e a cui il CERN ha contribuito in maniera determinante. Parlo del ruolo discreto ma fondamentale nel mantenere vivi i rapporti internazionali.»

Enrico Predazzi, *A Ginevra la frontiera della ricerca sul mondo atomico*, «Tutto Scienze-La Stampa», 28/4/2004

Una delle considerazioni qui riportate NON TROVA CONFERMA nell'articolo citato. Individuatela.

- **A** Berners-Lee e Caillau hanno dato una chiara dimostrazione non solo di originalità di pensiero, ma anche di disinteresse
- **B** Almeno alcuni dei risultati delle superspecialistiche ricerche del CERN hanno avuto una importante ricaduta sul nostro vivere quotidiano
- **C** Le conquiste della fisica nel XX secolo possono essere raccontate come un grande poema epico
- **D** Gli scienziati del CERN hanno favorito e reso più rapidi e agili i rapporti, e forse anche la comprensione, fra gli uomini
- **E** Anche se i fisici del CERN si impegnano attivamente in campo bellico, la loro opera favorisce l'avvicinamento tra popoli

2 **Il primo articolo della Costituzione italiana recita: «L'Italia è una repubblica ... fondata sul .... La sovranità appartiene al ... che la esercita nelle forme e nei limiti della... ».**

Quale tra le seguenti opzioni propone le giuste parole da sostituire ai puntini per completare correttamente il testo?

A Costituzionale, lavoro, Parlamento, Legge

B Parlamentare, diritto, Governo, Costituzione

C Democratica, ripudio della guerra, Governo, Costituzione

D Democratica, lavoro, popolo, Costituzione

E Parlamentare, diritto, popolo, Legge

---

3 **In Gran Bretagna recentemente si è deciso di dipingere di giallo tutti gli apparecchi rilevatori di velocità a postazione fissa (tipo autovelox) per renderli facilmente visibili. Questo è ritenuto un modo per indurre gli automobilisti a moderare l'andatura rispettando i limiti e prevenire così gli incidenti. Intuitivamente, però, ciò sembra l'esatto contrario di quanto si dovrebbe fare, ovvero nascondere gli autovelox. Se gli autovelox sono facilmente visibili, gli automobilisti tendono ad accelerare tra un autovelox e l'altro per poi rallentare bruscamente all'approssimarsi dell'apparecchio successivo. Questa abitudine è molto pericolosa. Se invece gli autovelox sono ben nascosti, gli automobilisti sono costretti a mantenersi entro i limiti di velocità per tutto il percorso per timore di essere multati a propria insaputa.**

Quale delle seguenti affermazioni è totalmente sostenuta dal brano precedente?

A Se i rilevatori di velocità a postazione fissa fossero facilmente visibili, gli automobilisti rispetterebbero i limiti di velocità

B Pitturare gli apparecchi rilevatori di velocità a postazione fissa (tipo autovelox) non serve da deterrente agli automobilisti che non rispettano i limiti di velocità

C Lo scopo di installare apparecchi rilevatori di velocità a postazione fissa è incoraggiare gli automobilisti a ridurre la propria velocità

D Quando gli apparecchi rilevatori di velocità a postazione fissa sono ben visibili gli automobilisti guidano in maniera più pericolosa

E Rendere gli apparecchi rilevatori di velocità a postazione fissa facilmente visibili è l'esatto contrario di una buona prassi

---

4 **"Poco tempo dopo la sua fondazione, avvenuta a Roma nel 1977, l'associazione inizia a raccogliere adesioni in tutta Italia, ad avere sedi locali, a denunciare gli esperimenti sugli animali e varie forme di sfruttamento degli animali attraverso manifestazioni di protesta contro gli zoo, i circhi con animali, l'utilizzo di abiti di pelliccia, la caccia. Attualmente è riconosciuta dal Ministero italiano della Salute come associazione che persegue finalità di tutela degli interessi lesi da reati contro gli animali, ha 56 sedi locali sul territorio nazionale e conta migliaia di soci."**

(dal sito web dell'associazione)

Di quale organizzazione nazionale parla il testo?

A Federazione Italiana Associazioni Diritti Animali e Ambiente

B Ente Nazionale Protezione Animali

C Federazione Nazionale Pro Natura

D Lega Anti Vivisezione

E Lega Italiana Difesa Ambiente e Animali

5 **“Apollonio filtra il materiale omerico con la sensibilità dello specialista che cerca il termine raro o crea il nesso rivelatore di un preziosismo che sa di lucerna: unisce parole omeriche che in Omero non sono mai accostate, innesta parole nuove in un verso riplasmato su un esametro omerico, a un termine antico dà una nuova accezione ____________, adotta tutti gli espedienti di quella che si chiama la tecnica allusiva”.**

Scegli l'alternativa che propone la parola adatta a completare correttamente il brano.

A innovativa
B etimologica
C semantica
D impropria
E onomatopeica

6 **“L'indice italiano della bilancia xxx misura la differenza di valore tra i beni esportati e quelli importati (esportazioni meno importazioni). Si tratta della componente principale della bilancia xxx di una nazione. I dati sull'esportazione si riflettono sulla crescita economica italiana. Le importazioni forniscono un'indicazione della domanda interna”.**
Quale coppia di termini completa correttamente il brano riportato?

A energetica; finanziaria
B dei pagamenti; commerciale
C produttiva; finanziaria
D commerciale; dei pagamenti
E finanziaria; commerciale

7 **Quale tra i seguenti politici è succeduto a Jean Claude Juncker come Presidente della Commissione europea il primo dicembre 2019?**

A José Manuel Barroso
B Christine Lagarde
C Ursula von der Leyen
D Mario Draghi
E Alexis Tsipras

Biologia

Tempo a disposizione: 25 minuti

8 **Negli esseri umani, quale tra le seguenti cellule è normalmente priva di nucleo?**

- A Osteoblasto
- B Neurone
- C Eritrocita maturo
- D Spermatozoo
- E Granulocita neutrofilo

9 **In una breve catena nucleotidica costituita da tre nucleotidi contenenti basi diverse, quante sequenze differenti sono possibili?**

- A 3
- B 6
- C 9
- D 64
- E 1

10 **Molti enzimi, oltre a possedere il normale sito con cui legano il substrato, presentano un secondo sito, detto allosterico. Quando particolari molecole regolatrici si legano a quest'ultimo, si ha una piccola variazione della struttura della molecola dell'enzima che ne provoca l'attivazione o l'inibizione. Pertanto si può dire che un enzima allosterico:**

- A non possiede il sito allosterico
- B non può legare il substrato
- C non possiede il sito attivo
- D è una proteina priva di struttura terziaria
- E è una proteina che può cambiare forma

11 **Quale dei seguenti organelli è deputato all'aggiunta di residui di zuccheri alle proteine?**

- A Lisosoma
- B Mitocondrio
- C Perossisoma
- D Apparato del Golgi
- E Cloroplasto

12 **Una madre ha gruppo sanguigno 0 mentre il padre è AB. Eventuali figli potranno essere:**

- A tutti AB
- B tutti 0
- C AB o 0
- D A o B
- E AB; A; B; 0

OTTAVA PROVA

13 **Meselson e Stahl nel 1957 fornirono prove sperimentali che ciascun filamento di DNA serviva da stampo per il nuovo DNA, dimostrando così il processo di duplicazione semiconservativa del DNA. Essi fecero crescere un ceppo di *Escherichia coli* in un terreno contenente azoto pesante (^{15}N), quindi lo passarono in un terreno contenente azoto leggero (^{14}N). Dopo una generazione esaminarono i risultati e constatarono che la percentuale di DNA composto da un'elica pesante (con azoto 15) e da una leggera (con azoto 14) era:**

A 100%

B 75%

C 50%

D 25%

E 0%

14 **Quale di questi enzimi NON è normalmente presente in una cellula animale sana?**

A RNA polimerasi

B DNA elicasi

C DNA ligasi

D Trascrittasi inversa

E DNA polimerasi

15 **Quale/i dei seguenti componenti della cellula eucariota non è/sono delimitato/i da membrana?**

1. Il nucleo

2. Il nucleolo 4

3. Il lisosoma

4. Il ribosoma

A Solo 2 B Solo 3 C Solo 2 e 4 D Solo 3 e 4 E Solo 1, 2 e 4

16 **Un gene viene trasferito da una cellula animale di una specie X a una cellula di un altro organismo Y.**

Quale dei seguenti organismi indicati di seguito potrebbe essere Y?

1. Un altro animale di specie X

2. Un animale di un'altra specie

3. Un batterio

A Solo 1 e 2 B Solo 1 e 3 C Solo 2 e 3 D Solo 3 E Tutti

17 **Gli individui eterozigoti per l'allele dell'anemia mediterranea (recessivo) presentano una forma lieve della malattia, che in genere non provoca loro grossi problemi in quanto i loro globuli rossi sono solo più piccoli. Questi individui mostrano una maggiore resistenza alla malaria, una malattia provocata da un protozoo che si sviluppa all'interno dei globuli rossi. Nelle zone malariche la selezione naturale agisce a favore degli individui:**

A affetti da malaria

B omozigoti recessivi

C sia omozigoti dominanti sia recessivi

D che non hanno globuli rossi

E eterozigoti

18 Identificare quale dei seguenti accoppiamenti è ERRATO:

- A ectoderma – sistema nervoso
- B mesoderma – gonadi
- C mesoderma – scheletro
- D ectoderma – sistema circolatorio
- E endoderma – fegato e pancreas

19 Durante le ripetute divisioni cellulari che portano uno zigote a diventare un organismo pluricellulare, le singole cellule vanno incontro al processo di "differenziamento", ossia diventano cellule specializzate nella struttura e nelle funzioni. Il differenziamento è il risultato:

- A dell'espressione selettiva dei geni: alcuni vengono attivati, altri rimangono inattivi
- B del controllo effettuato dal sistema nervoso centrale
- C della presenza solo in quelle cellule di geni specifici per una certa struttura e funzione
- D dell'assenza dei geni specifici per una struttura o funzione diversa da quella cui sono destinate
- E del controllo effettuato dal sistema nervoso autonomo

20 Secondo la teoria endosimbiontica, formulata alla fine degli anni 80 del secolo scorso dalla genetista americana Lynn Margulis, quali dei seguenti organelli presenti nella cellula eucariotica vegetale deriverebbero dalla simbiosi con un procariote ancestrale?

- A Nucleo
- B Cloroplasti
- C Apparato di Golgi
- D Reticolo endoplasmatico liscio
- E Lisosomi

21 Tra le seguenti affermazioni riguardanti la milza indicare quella ERRATA:

- A è un organo parenchimatoso
- B fa parte dell'apparato emolinfopoietico
- C è un organo impari
- D è retroperitoneale
- E prende rapporti con il rene sinistro

22 Il centro di controllo cardiovascolare si trova:

- A nel cervelletto
- B nell'atrio destro del cuore
- C nel sistema autonomo
- D nelle pareti dell'aorta
- E nel bulbo o midollo allungato

Chimica e fisica

Tempo a disposizione: 25 minuti

23 Nel sistema periodico, gli elementi sono incasellati:

- A in ordine di elettronegatività decrescente da sinistra verso destra in file orizzontali
- B in ordine di A crescente dal basso verso l'alto in colonne parallele
- C in ordine di numero atomico decrescente da sinistra verso destra in file orizzontali, andando a capo quando inizia il riempimento di un nuovo livello energetico
- D in ordine di Z crescente da sinistra verso destra in file orizzontali, andando a capo quando inizia il riempimento di un nuovo livello energetico
- E in ordine di massa atomica crescente da destra verso sinistra in file orizzontali, andando a capo quando inizia il riempimento di un nuovo livello energetico

24 Gli esteri derivano dalla reazione tra:

- A un alcol e un'aldeide
- B un idracido e un alcol
- C un acido carbossilico e un alcol
- D due molecole di alcol
- E un ossiacido e un'aldeide

25 Un grammo equivalente di $Al(OH)_3$ è uguale a:

- A una mole
- B un terzo di mole
- C tre moli
- D un sesto di mole
- E sei moli

26 Gli elementi con configurazione elettronica s^2p^5 appartengono al gruppo:

- A 17
- B 18
- C 5
- D 15
- E 7

27 Confrontando litio e potassio, quale/i delle seguenti affermazioni è/sono corretta/e?

1. Possiedono lo stesso numero di elettroni nell'ultimo livello
2. Sono entrambi non metalli
3. Appartengono entrambi al gruppo 1 del sistema periodico
4. Uno dei due appartiene al terzo periodo del sistema periodico

A Solo 1   B 1, 3 e 4   C Tutte   D 1 e 3   E Solo 3

OTTAVA PROVA

28 **In una reazione in cui $PbCl_2$ si trasforma in $PbCl_4$, si può affermare che:**

A il piombo si è ridotto
B entrambi gli elementi si sono ossidati
C il piombo si è ossidato
D il cloro si è ossidato
E il cloro si è ridotto

29 **Se un composto contiene due atomi di carbonio asimmetrici:**

A può esistere solo in due stereoisomeri
B non contiene atomi ibridati sp^3
C contiene un doppio legame tra i due C asimmetrici
D è estremamente instabile
E può esistere in più di due stereoisomeri

30 **Le reazioni di combustione elencate di seguito vengono condotte tutte nelle medesime condizioni di volume e temperatura costanti. Se ciascuna reazione giunge a completamento a partire da 0,1 mol di combustibile, quale di esse determinerà il maggior decremento della pressione?**

A $C_7H_6O_3$ (s) + 7 O_2 (g) → 7 CO_2 (g) + 3 H_2O (l)
B $C_{10}H_8$ (s) + 12 O_2 (g) → 10 CO_2 (g) + 4 H_2O (l)
C C_6H_6 (l) + 15/2 O_2 (g) → 6 CO_2 (g) + 3 H_2O (l)
D $C_{10}H_{16}$ (l) + 14 O_2 (g) → 10 CO_2 (g) + 8 H_2O (l)
E $C_{14}H_{10}$ (s) + 33/2 O_2 (g) → 14 CO_2 (g) + 5 H_2O (l)

31 **L'energia cinetica di una moto di massa uguale a 300 kg che viaggia alla velocità di 6 m/s è pari a:**

A 900 J
B 1.800 J
C 2.700 J
D 5.400 J
E 10.800 J

32 **Atleti terrestri che gareggiassero alle olimpiadi su un pianeta alieno avente una forza di gravità pari a metà di quella terrestre avrebbero, in alcune discipline, prestazioni significativamente diverse da quelle sulla Terra. Quale delle seguenti affermazioni, relativa alle prestazioni sul pianeta alieno, NON è corretta?**

A Nel salto con l'asta l'altezza raggiunta sarebbe significativamente maggiore
B Nei 200 metri dorso il tempo segnato sarebbe significativamente maggiore
C Nel lancio del martello la distanza raggiunta sarebbe significativamente maggiore
D Nel sollevamento pesi si potrebbero alzare bilancieri di massa significativamente maggiore
E In una cronoscalata ciclistica il tempo segnato sarebbe significativamente minore

33 **Un oggetto di massa pari a 50 g galleggia in un liquido di densità 2,5 g/ml. Quando l'oggetto viene posto in un liquido di densità 2,0 g/ml, affonda e si deposita sul fondo del contenitore. Qual è la forza che l'oggetto esercita sul fondo del contenitore?**
[g = 10 m/s² = 10 N/kg]

A 0,1 N B 0,4 N C 10 N D 40 N E 400 N

OTTAVA PROVA

34 **Una singola resistenza *R* è collegata a una batteria come indicato nella figura seguente:**

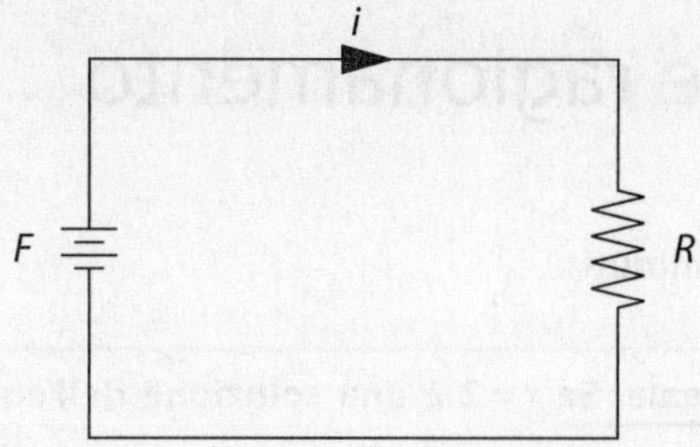

La corrente che circola nel circuito è *i* e la potenza dissipata sotto forma di calore è *P*. Il circuito viene poi modificato raddoppiando la f.e.m. *F* della batteria, mentre la resistenza *R* viene mantenuta costante. Dopo la modifica, la potenza dissipata in *R* è:

A $P/4$ B $P/2$ C P D $2P$ E $4P$

35 **Utilizzando 2000 joule per scaldare 10 chilogrammi di una sostanza, se ne fa aumentare la temperatura di 2 °C. Il calore specifico della sostanza è:**

A 0,01 J/kg · °C
B 0,2 J/kg · °C
C 50 J/kg · °C
D 100 J/kg · °C
E 200 J/kg · °C

36 **Si può affermare che il calore specifico di un gas perfetto:**

A è indipendente dalle trasformazioni a cui il gas è sottoposto, in quanto dipende solo dalla natura della sostanza considerata
B diminuisce da 0 °C a 4 °C mentre poi aumenta per temperature maggiori di 4 °C
C a pressione costante è maggiore del calore specifico a volume costante
D è una quantità costante solo per i gas reali
E è espresso da un numero puro, nel senso che si tratta di una grandezza priva di dimensioni

37 **Una spira di rame è posata sul pavimento. Uno sperimentatore tiene in mano una calamita a forma di barra e ne avvicina il polo nord alla spira con movimento verticale. Si può prevedere che durante il movimento della calamita:**

A il campo magnetico indotto nella spira sarà tale da attrarre la calamita
B nella spira circolerà corrente
C si creerà una corrente indotta se e solo se lo sperimentatore avrà cura di seguire le linee del campo magnetico terrestre
D gli effetti elettromagnetici saranno trascurabili perché il rame non è un materiale ferromagnetico
E la spira verrà attirata dalla calamita

Matematica e ragionamento

Tempo a disposizione: 25 minuti

---

38 Sia c un numero reale. Se $x = 2$ è una soluzione dell'equazione $2x^2 - x + 3c = 0$ allora c è uguale a

- A –6
- B –2
- C 2
- D 6
- E nessuno dei valori indicati nelle altre opzioni di risposta

---

39 Individua il numero intero che approssima meglio la seguente frazione:

$$\frac{4 + \sqrt{5}}{4 - \sqrt{5}}$$

A –1 B 0 C 1 D 2 E 3

---

40 Quanto vale $\log_4 65$?

A 1,21 B 1,81 C 2,56 D 3,01 E 4,15

---

41 La doppia disequazione $16 < x^2 < 36$ è verificata:

- A per $-6 < x < -4$ oppure $4 < x < 6$
- B per $-6 < x < -4$
- C per $-6 < x < 4$
- D per $-4 < x < 6$
- E per $4 < x < 6$

---

42 Determinare l'area del triangolo che ha come vertici i punti (0; 0), (0; 1), (13; 12) del piano cartesiano:

A 6 B 78 C 12 D 13 E $\frac{13}{2}$

---

43 La probabilità con cui un paziente deve attendere meno di dieci minuti il proprio turno in un ambulatorio medico è 0,8.

Qual è la probabilità che una paziente che si reca due volte presso l'ambulatorio medico attenda, almeno una delle due volte, meno di dieci minuti prima di essere ricevuta dal medico?

A 0,04 B 0,25 C 0,64 D 0,8 E 0,96

OTTAVA PROVA

44 **Un triangolo isoscele ha base lunga 12 e *x* rappresenta la lunghezza di ciascuno dei due lati uguali. Quale delle seguenti formule esprime l'area *S* del triangolo in funzione di *x*?**

A $S = 12 \cdot (x^2 - 6)^{1/2}$
B $S = 6 \cdot (x^2 - 6)^{1/2}$
C $S = 3 \cdot (x^2 - 36)^{1/2}$
D $S = 6 \cdot (x^2 - 36)^{1/2}$
E $S = 12 \cdot (x^2 - 36)^{1/2}$

---

45 **Silvia ha appena vinto 180.000 euro alla lotteria. Decide di donare il 50% della vincita ai genitori e il 20% di quello che rimane alla sorella tenendosi il resto. Che quota della vincita totale si è tenuta Silvia?**

A 2/3
B 30%
C 10%
D 25%
E 40%

---

46 **Ogni 150 studenti che si iscrivono all'università se ne laureano 25. Di quelli che non si laureano, tre su cinque abbandonano l'università prima del terzo anno. Per ogni 600 studenti iscritti, quanti sono quelli che abbandonano l'università dal terzo anno in poi?**

A 300
B 125
C 175
D 375
E 200

---

47 **Mina deve distribuire un bonus di produzione di 6.000 euro tra i suoi quattro dipendenti. Progetta di destinarne la metà a Iginia, un quarto a Ghila, un quinto a Aimée e un decimo a Antimina. Così facendo:**

A le resterebbero 175 euro non distribuiti
B esaurirebbe il bonus, dividendolo tra i quattro dipendenti
C le resterebbero 300 euro non distribuiti
D supererebbe il bonus complessivo di 175 euro
E supererebbe il bonus complessivo di 300 euro

---

48 **Con il contenuto di una caraffa si riempiono 3 bicchieri e 3 tazze; con il contenuto di 2 caraffe si riempiono 9 tazze. Quanti bicchieri occorrono per riempire una tazza?**

A 2 B 1 C 1,5 D 2,5 E 3

---

49 **Alice apre la cabina armadio e conta le scatole delle sue scarpe.**

- **Se divide il numero delle scatole per 2 le rimane il resto di 1.**
- **Se divide per 3 nessun resto.**
- **Se divide per 5 le rimane il resto di 4.**

Sapendo che il numero delle scatole è maggiore di 4 e minore di 45, quante sono le possibili soluzioni al problema di determinare il numero delle scatole di scarpe di Alice?

A 0 B 1 C 4 D 2 E 8

50 **Tommaso ha ripartito del denaro fra i suoi tre figli secondo la proporzione 5:3:2. Successivamente ha dato altri 6 euro al figlio che inizialmente ne aveva ricevuti meno. Questo ha comportato che il denaro è stato ripartito in una quota maggiore e due quote inferiori di eguale ammontare. Quanto denaro Tommaso ha dato in totale ai suoi figli?**

A Euro 36
B Euro 66
C Euro 60
D Euro 20
E Euro 26

OTTAVA PROVA

Soluzioni della ottava prova

Alpha Test

Risposte esatte della ottava prova

Verificare le risposte relative alle domande della prova simulata

	A	B	C	D	E
1					■
2				■	
3					■
4				■	
5			■		
6				■	
7			■		
8			■		
9		■			
10					■
11				■	
12				■	
13	■				
14				■	
15			■		
16					■
17					■
18				■	
19	■				
20		■			
21				■	
22					■
23				■	
24			■		
25		■			
26	■				
27				■	
28			■		
29					■
30				■	
31				■	
32		■			
33	■				
34					■
35				■	
36			■		
37		■			
38		■			
39					■
40				■	
41	■				
42					■
43					■
44				■	
45					■
46					■
47					■
48	■				
49				■	
50		■			

OTTAVA PROVA

Prove di verifica

NONA PROVA

Scheda delle risposte

Alpha Test

Scheda per le risposte della nona prova

Contrassegnare le risposte relative alle domande della prova simulata

	A	B	C	D	E		A	B	C	D	E
1						26					
2						27					
3						28					
4						29					
5						30					
6						31					
7						32					
8						33					
9						34					
10						35					
11						36					
12						37					
13						38					
14						39					
15						40					
16						41					
17						42					
18						43					
19						44					
20						45					
21						46					
22						47					
23						48					
24						49					
25						50					

NONA PROVA

Tempo a disposizione: 90 minuti – Tempo consigliato: 80 minuti

Comprensione del testo e conoscenze acquisite negli studi

Tempo a disposizione: 15 minuti

Leggere il brano seguente e rispondere alla relativa domanda.

1 **Quando si valutano i rischi che corriamo nel corso della vita, il nostro livello di preoccupazione varia a seconda che tali rischi dipendano o meno da noi. Molti, ad esempio, fumano nonostante siano consapevoli dei rischi per la salute, così come altri praticano sport estremi. Le stesse persone, tuttavia, di fronte ad attività a minor rischio, come ad esempio l'utilizzo di mezzi pubblici o il consumo di carne, pretendono che il governo garantisca l'assenza di rischi.**

Quale delle seguenti affermazioni è totalmente sostenuta dal brano precedente?

- **A** Si dovrebbe essere pronti ad accettare alcuni rischi nel corso della vita
- **B** Molte persone non hanno un atteggiamento coerente di fronte al rischio
- **C** I governi non possono garantire che un'attività sia completamente priva di rischi
- **D** La scelta di correre rischi è un diritto inalienabile
- **E** I fumatori non hanno alcun diritto di criticare il governo

2 ***La superbia greca, il fascino francese, fare l'inglese*. Sono, in sé, dei «miti negativi» con la loro refrattarietà all'ordine storico, il loro tendere a dimenticare i radicamenti precisi, a sottrarsi ai vincoli delle coordinate spazio-temporali, trasferendo quanto si evoca in dimensioni atemporali. Per Lévi-Strauss 1964, «i miti non hanno autori». Ma forse si può integrare: pure essi hanno degli autori e sono le varie comunità che li evocano e che, poi, anche per secoli, li «abitano».**

(Ottavio Lurati, *La pulce nell'orecchio*, Lugano, Pressagona-Lugano, 2021, p. 91-92)

Perché l'autore definisce «miti» le frasi fatte citate all'inizio del brano?

- **A** Perché, come tutti i miti, sottolineano i difetti prototipici delle persone
- **B** Perché evocano comportamenti tipici appartenenti a società specifiche e circoscritti nel tempo
- **C** Perché il loro uso trascende qualsiasi confine spazio-temporali
- **D** Perché non hanno un'origine ascrivibile a un autore particolare
- **E** Perché evocano caratteri etnici appartenenti a culture distinte e radicate nello spazio

3 **Nel 1990 moriva un famoso scrittore italiano, autore di vari romanzi, tra cui *Gli Indifferenti*, *La Romana*, *La Noia*. Si è avanzata recentemente l'ipotesi che sia morto non per cause naturali, ma suicida. Chi è?**

A Alberto Moravia
B Pier Paolo Pasolini
C Alberto Arbasino
D Dino Buzzati
E Leonardo Sciascia

4 **L'Unione europea è un partenariato economico e politico di carattere sovranazionale tra 27 paesi europei. Quale delle seguenti istituzioni dell'Unione europea viene eletta a suffragio universale diretto?**

A Commissione europea
B Consiglio dell'Unione europea
C Comitato economico e sociale europeo
D Corte di Giustizia dell'Unione europea
E Parlamento europeo

5 **Quale Presidente del consiglio italiano del primo Novecento fu accusato dallo storico Gaetano Salvemini di essere "il ministro della malavita"?**

A Giolitti
B Crispi
C Depretis
D Di Rudinì
E Nitti

6 **xx xxx annuncia la missione compiuta: "Anche l'ultima provincia ha sconfitto la povertà" Guizhou, una delle aree più arretrate, sarà l'ultima regione del xxx a certificare il raggiungimento dell'obiettivo prefissato da Xi Jinping nel 2013. Grazie alla "campagna un-due-tre": "un reddito", i famosi 400 dollari l'anno; "due preoccupazioni in meno", cibo e vestiti; "tre garanzie", un'abitazione sicura, accesso all'educazione e alle cure mediche. Ora la sfida è rendere il risultato sostenibile.**

A Il Giappone; Sol Levante
B La Corea del Nord; Paese
C Hong Kong; Protettorato
D La Cina; Dragone
E L'India; Subcontinente

7 **Tra i seguenti Stati dei nostri giorni, quale non ha mai fatto parte dell'Impero romano?**

A Portogallo
B Slovenia
C Belgio
D Danimarca
E Egitto

Biologia

Tempo a disposizione: 25 minuti

---

8 Quale tra le seguenti affermazioni, riguardanti i polisaccaridi, è corretta?

- **A** Il glicogeno è formato da lunghe catene lineari di molecole di glucosio, unite tra loro mediante legami a idrogeno
- **B** L'amilopectina e il glicogeno hanno entrambi una struttura ramificata
- **C** La cellulosa ha prevalentemente funzione di riserva energetica
- **D** L'amido è formato prevalentemente da amilopectina, che ha struttura lineare, e da amilosio, che ha struttura ramificata
- **E** Dall'idrolisi dell'amilosio si ottengono molecole di glucosio e dall'idrolisi dell'amilopectina si ottengono molecole di fruttosio

---

9 In un terreno di coltura sono lasciati crescere insieme due ceppi di un batterio: i due ceppi si distinguono perché uno è in grado di produrre due amminoacidi (A e B), l'altro due amminoacidi diversi (C e D). Dopo un po' di tempo compare un batterio capace di produrre tutti e quattro gli amminoacidi. Tale evento evidenzia un fatto importante, e cioè:

- **A** la funzione di duplicazione del DNA presente anche nei batteri
- **B** una mutazione a carico di un gene
- **C** la versatilità metabolica dei batteri
- **D** la presenza di una fase di coniugazione nel ciclo batterico
- **E** la presenza di DNA nei batteri

---

10 L'albero genealogico riportato si riferisce a una famiglia in cui compare il carattere "incapacità di distinguere alcuni colori" dovuto a un allele recessivo che si trova sul cromosoma X.

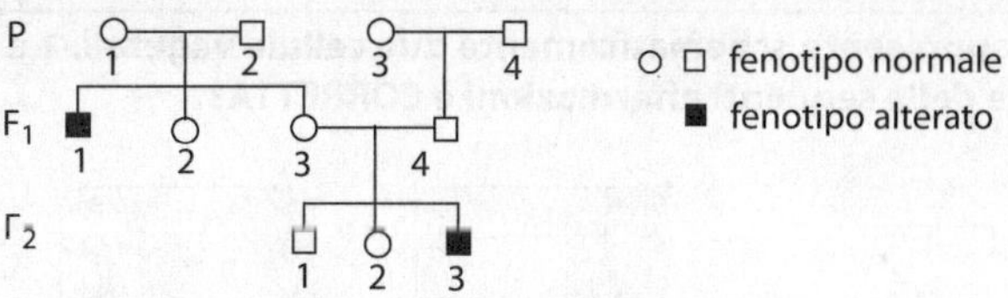

Dal suo esame si può dedurre che:

- **A** la donna P 1 è sicuramente omozigote
- **B** la donna F_1 3 è sicuramente portatrice del gene alterato
- **C** la donna F_1 2 è sicuramente eterozigote
- **D** il figlio F_2 1 diventerà malato
- **E** la figlia F_2 2 è sicuramente omozigote

NONA PROVA

11 **Negli esseri umani esistono 4 gruppi sanguigni definiti dal sistema AB0. Quale tra le seguenti affermazioni è corretta?**

A Gli individui di gruppo 0 sono riceventi universali

B Gli individui di gruppo AB possono donare sangue a individui di gruppo A o B

C Gli individui di gruppo B producono anticorpi anti-B

D Gli individui di gruppo 0 sono omozigoti dominanti

E Gli individui di gruppo A producono antigeni di gruppo A

12 **I canali semicircolari sono condotti situati all'interno dell'osso temporale; la loro funzione è:**

A percepire i suoni per altezza e intensità

B equilibrare la pressione atmosferica ai due lati del timpano

C vibrare se sollecitati dalle onde sonore

D rilevare i cambiamenti di posizione del corpo nello spazio

E convogliare le onde sonore verso il timpano

13 **Quale delle seguenti vitamine regola l'assorbimento di calcio e fosforo?**

A Vitamina C

B Vitamina A

C Vitamina D

D Vitamina E

E Vitamina K

14 **La talassemia è una malattia dovuta alla presenza di un allele dominante. La condizione di omozigote determina una forma molto grave detta *talassemia maior*; la condizione eterozigote provoca una forma attenuata chiamata *talassemia minor*.**

Un uomo con *talassemia minor* sposa una donna normale. Quale probabilità c'è che nascano dalla coppia figli affetti da *talassemia minor*?

A 25%

B 75%

C 100%

D 50%

E Nessuna

15 **La figura rappresenta schematicamente due cellule vegetali, 1 e 2, ma in condizioni differenti. Quale delle seguenti affermazioni è CORRETTA?**

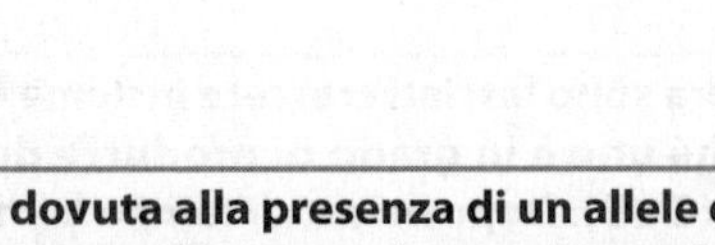

A La cellula 1 è stata riscaldata, la cellula 2 è stata raffreddata

B La cellula 1 è in normali condizioni di pressione, la cellula 2 è in un ambiente a bassa pressione

C La cellula 1 è stata posta in una soluzione salina, la cellula 2 in acqua distillata

D La cellula 1 è in piena luce, la cellula 2 si trova al buio

E La cellula 1 è stata posta in acqua distillata e la cellula 2 in una soluzione salina

16 **Passando da una stanza buia al sole, le pupille degli occhi si contraggono. Ciò perché entra in azione il sistema nervoso:**

A parasimpatico
B somatico
C simpatico
D centrale
E volontario

17 **Una cellula costituisce il bersaglio di un determinato ormone se:**

A possiede i recettori capaci di riconoscere e legare l'ormone
B è situata vicino alla ghiandola endocrina che secerne l'ormone
C ha una forma che è riconosciuta dall'ormone
D possiede i geni per la produzione di quell'ormone
E non è innervata da alcuna terminazione nervosa

18 **La molecola di un trigliceride è costituita da:**

A tre molecole di glicerolo
B tre molecole di glicerolo e tre molecole di acido grasso
C una molecola di glicerolo e due di acido grasso
D una molecola di glicerolo e tre molecole di acido grasso
E tre molecole di glicerolo e una molecola di acido grasso

19 **Quale/i affermazione/i relativa/e alla mioglobina è/sono corretta/e?**

1. Ha affinità per O_2 minore rispetto a quella dell'emoglobina
2. È formata da due catene polipeptidiche
3. È associata a una struttura ad anello contenente ferro
4. Trattiene O_2 anche a valori della pressione parziale di O_2 inferiori a quelli di rilascio dell'emoglobina

A Solo 3
B Solo 1 e 3
C Solo 3 e 4
D Solo 2 e 4
E Solo 1, 3 e 4

20 **Quale dei seguenti processi avviene durante il ciclo di Krebs?**

1. Si libera CO_2
2. $FADH_2$ viene ossidato a FAD
3. Si forma citrato
4. Si produce ATP

A Solo 2 e 3
B Solo 1, 2 e 3
C Solo 1, 3 e 4
D Tutti
E Solo 1 e 4

21 **La corteccia cerebrale è presente:**

- A in tutte le classi dei vertebrati
- B solo nelle classi di uccelli e mammiferi
- C solo nei vertebrati terrestri
- D solo nella classe dei mammiferi
- E solo nei primati più evoluti

22 **Il deltoide è:**

- A un muscolo che consente di flettere la testa
- B un muscolo che permette di incrociare le gambe
- C un osso della scatola cranica
- D un muscolo che si attacca alla scapola, clavicola e omero
- E una delle vertebre cervicali

NONA PROVA

Chimica e fisica

Tempo a disposizione: 25 minuti

---

23 L'etene reagisce con il cloro, con l'acqua ossigenata e con lo iodio; si tratta, in tutti e tre i casi, di reazioni di:

A sostituzione elettrofila
B sostituzione nucleofila
C addizione nucleofila
D addizione elettrofila
E polimerizzazione

---

24 3 Quanto pesa una molecola di anidride carbonica?

A $4{,}4 \times 1{,}67 \times 10^{-27}$ kg
B $22 \times 1{,}67 \times 10^{-27}$ kg
C $44 \times 1{,}67 \times 10^{-27}$ kg
D $44 \times 167 \times 10^{-17}$ kg
E $44 \times 0{,}167 \times 10^{-35}$ kg

---

25 In 500 ml di una soluzione acquosa sono presenti 2 g di NaOH (p.m. = 40 u.m.a); la concentrazione della soluzione è:

A 1 m
B 0,1 M
C 0,1 m
D 0,05 M
E 1 M

---

26 Un atomo ha numero di massa 18 e numero atomico 8; i neutroni contenuti nel suo nucleo sono:

A 18 B 8 C 16 D 23 E 10

---

27 Una trasformazione in un sistema chiuso è spontanea quando:

A provoca un aumento di energia interna del sistema
B è esotermica, avviene cioè con sviluppo di calore
C provoca una diminuzione dell'energia libera del sistema
D determina un aumento del grado di disordine del sistema
E provoca un aumento dell'energia libera del sistema

---

28 Nella reazione tra anidride acetica ed etanolo si forma:

A etere dietilico
B etilene
C etano
D acetato di etile
E nessun composto

29 **Bilanciare la seguente reazione:**

$$a\ Al_2(SO_4)_3 + b\ NH_3 + c\ H_2O \rightarrow d\ Al(OH)_3 + e\ (NH_4)_2SO_4$$

A a=1; b=6; c=3; d=5; e=3
B a=1; b=3; c=6; d=4; e=2
C a=3; b=6; c=3; d=1; e=3
D a=1; b=6; c=6; d=2; e=3
E a=1; b=4; c=4; d=1; e=2

30 **Un campione d'aria è chiuso in un contenitore a temperatura ambiente (20 °C) e viene portato a una temperatura di – 100 °C alla quale sia l'acqua che l'anidride carbonica sono allo stato solido. Quale delle seguenti righe mostra il tipo di miscuglio che si ottiene a 20 °C e a – 100 °C in questo esperimento?**

Riga	20 °C	– 100 °C
1	Omogeneo (gas)	Eterogeneo (solido + gas)
2	Eterogeneo (gas)	Omogeneo (solido + gas)
3	Omogeneo (gas)	Eterogeneo (liquido + gas)
4	Eterogeneo (gas)	Omogeneo (liquido + gas)
5	Omogeneo (gas)	Omogeneo (solido)

A Riga 2 B Riga 4 C Riga 3 D Riga 5 E Riga 1

31 **Le forze intermolecolari di van der Waals agiscono solamente:**

A fra molecole apolari allo stato liquido
B fra molecole polari allo stato solido
C fra atomi o molecole allo stato gassoso
D fra atomi sufficientemente vicini
E se altri tipi di forze sono meno favorevoli

32 **Un pendolo sta oscillando verso l'alto e si trova a metà strada nel percorso verso la sua posizione più alta, come mostrato di seguito, quando la fune si rompe.**

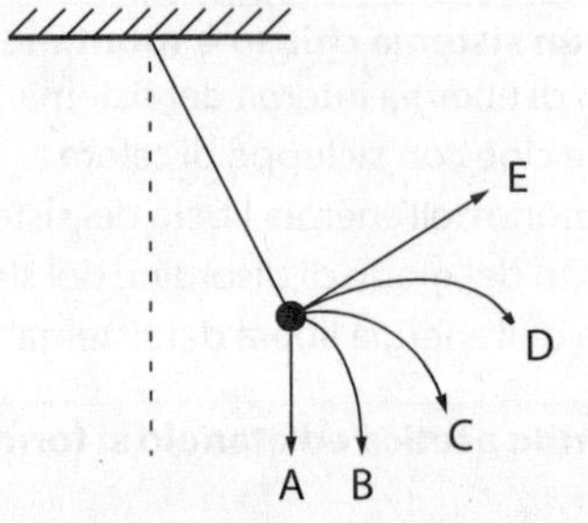

Quale delle traiettorie indicate seguirà la pallina dopo la rottura della fune?

A A B B C C D D E E

33 **Un cubetto di ghiaccio di massa 1 g fonde a 0 °C. Quale di queste affermazioni è corretta?**

A Il ghiaccio fondendo diminuisce la sua temperatura

B Il ghiaccio fondendo riceve calore dall'ambiente

C Il ghiaccio fondendo aumenta la sua temperatura

D Il ghiaccio fondendo non cede né riceve calore

E Il ghiaccio fondendo cede calore all'ambiente

34 **Qual è l'intensità di un campo elettrico E se una carica di 4 mC posta in esso subisce una forza di 0,08 N?**

A 5×10^{-3} kg · m / s^2 · C

B 2×10^{-4} kg · m / s^2 · C

C 5×10^{3} kg · m / s^2 · C

D 2×10^{4} kg · m / s^2 · C

E 5×10^{-5} kg · m / s^2 · C

35 **Una forza F di modulo $F = 32$ N sposta il suo punto di applicazione nella direzione e nel verso indicati in figura da uno spostamento $S = 450$ cm. Il lavoro compiuto dalla forza F è:**

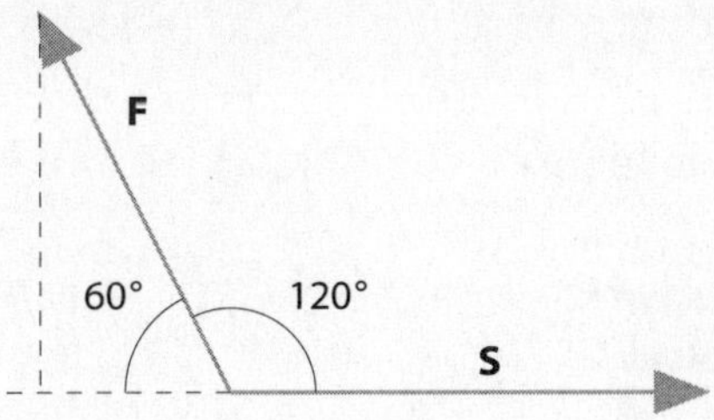

A $32\ \text{N} \cdot 450 \times 10^{-2}\ \text{m} \cdot \cos 120° = -72\ \text{J}$

B $-32\ \text{N} \cdot 450 \times 10^{-2}\ \text{m} \cdot \cos 120° = 72\ \text{J}$

C $-32\ \text{N} \cdot 450\ \text{cm} \cdot \cos 60° = -7200\ \text{J}$

D $-32\ \text{N} \cdot 450 \times 10^{-2}\ \text{m} \cdot \text{sen} 60° = -72\sqrt{3}\ \text{J}$

E $32\ \text{N} \cdot 450 \times 10^{-2}\ \text{m} \cdot \text{sen} 120° = 72\sqrt{3}\ \text{J}$

36 **Le potenze utilizzate dai seguenti elettrodomestici sono:**

- **P (ferro da stiro) = 1 kW**
- **P (televisore) = 150 W**
- **P (lavatrice) = 2,5 kW**
- **P (forno elettrico) = 1.500 W**

Se vengono collegati alla rete domestica (220 V), quale degli elettrodomestici è attraversato da una corrente di intensità maggiore?

A Il televisore

B La lavatrice

C Il ferro da stiro

D Sono attraversati tutti dalla stessa corrente

E Il forno elettrico

37 Un corridore procede alla velocità costante di 9 km/h. Determinare quanto tempo impiega a percorrere un chilometro.

A 6 minuti
B 6 minuti e 20 secondi
C 6 minuti e 30 secondi
D 6 minuti e 40 secondi
E 9 minuti

NONA PROVA

Matematica e ragionamento

Tempo a disposizione: 25 minuti

38 Calcolare il valore di:

$$(3 \times 10^3)^3 \times (2 \times 10^{-5})$$

A $5{,}4 \times 10^{-1}$
B $5{,}4 \times 10^{1}$
C $5{,}4 \times 10^{2}$
D $5{,}4 \times 10^{4}$
E $5{,}4 \times 10^{5}$

39 La somma e il prodotto delle due radici di un'equazione di secondo grado sono rispettivamente 5 e – 6. Quale delle seguenti potrebbe essere l'equazione?

A $x^2 - 6x + 5 = 0$
B $x^2 - 5x - 6 = 0$
C $x^2 - 5x + 6 = 0$
D $x^2 + 5x - 6 = 0$
E $x^2 + 6x + 5 = 0$

40 Lanciando contemporaneamente due dadi non truccati, che probabilità vi è di ottenere "nove"?

A 1/4
B 1/6
C 1/8
D 1/9
E 1/12

41 In un piano cartesiano due circonferenze con raggio uguale di lunghezza 5 e centri di coordinate $(2; 2)$ e $(10; 8)$ hanno:

A infiniti punti in comune
B due punti in comune
C un punto in comune
D nessun punto in comune
E quattro punti in comune

42 Un gruppo di 10 ciclisti è composto da 6 uomini e 4 donne. I 10 ciclisti pesano in media 74 kg. Il peso medio dei 6 uomini è 82 kg.
Quanto pesano in media le 4 donne?

A 62 kg B 63 kg C 64,5 kg D 66 kg E 72 kg

NONA PROVA

43 **Consideriamo la funzione $f(x) = \text{sen}(x) + \cos(2x)$, definita per ogni x reale. Determinare quale delle seguenti affermazioni relative alla funzione $f(x)$ è FALSA.**

A Non assume valori maggiori di $\sqrt{5}$
B Non assume valori minori di -3
C È periodica
D $f(\pi) = 1$
E Non si annulla mai

44 **Nel settore circolare AOB l'area della porzione di piano S delimitata dai due archi di circonferenza e dal raggio OA di lunghezza r vale:**

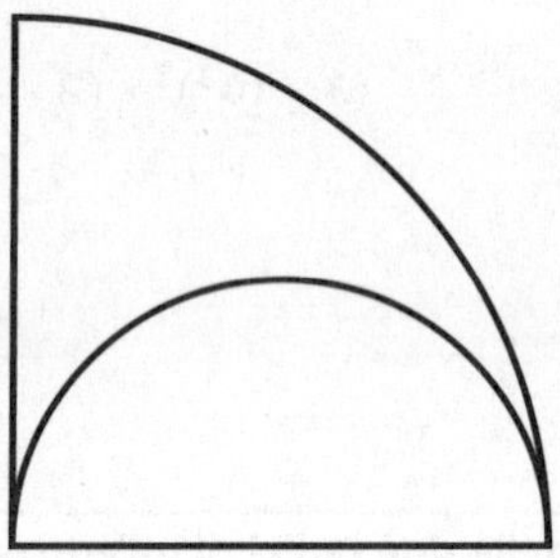

A $\frac{\pi r^2}{6}$ B $\frac{\pi r^2}{10}$ C $\frac{\pi r^2}{8}$ D $\frac{r^2}{2}$ E $\frac{r^2}{3}$

45 **Per le vacanze estive, Alberto deve fare 117 esercizi di matematica e Ludovica 171 esercizi di inglese. Se a metà vacanza entrambi hanno svolto i 2/9 dei loro compiti, quanti esercizi devono fare mediamente ogni giorno per terminare gli esercizi nell'arco di dieci giorni?**

A 9,1 Alberto; 13,3 Ludovica
B 8 Alberto; 13 Ludovica
C 9,3 Alberto; 15,3 Ludovica
D 6 Alberto; 9 Ludovica
E 12,3 Alberto; 18,3 Ludovica

46 **Assumendo che ogni pappagallo mangi la stessa quantità di cibo ogni giorno e che lo stesso avvenga per ogni canarino, ogni giorno con 14 grammi di becchime si sfamano 4 pappagalli e 3 canarini, mentre con 18 grammi dello stesso mangime si sfamano 4 pappagalli e 5 canarini. Quale delle seguenti affermazioni NON è vera?**

A Un canarino viene sfamato per 2 giorni con 4 grammi di becchime
B Cinque pappagalli e cinque canarini richiedono ogni giorno 20 grammi di becchime
C Un pappagallo ogni giorno mangia quanto un canarino
D Tre pappagalli e tre canarini richiedono ogni giorno 12 grammi di becchime
E Due pappagalli e sei canarini richiedono ogni giorno lo stesso becchime di cinque pappagalli

47 **A quanto ammonta l'incremento percentuale del prezzo di un deodorante per uomo che passa da 5 euro al flacone a 72 euro la dozzina di flaconi?**

A 10% B 20% C 5% D 15% E 25%

48 **Un editore pubblica delle riviste che hanno tutte un numero di pagine che è un multiplo di 32. Pertanto, una rivista può avere 32 pagine, 64, 96 e così via. La copertina viene sempre contata come la pagina numero 1. Le pagine centrali della rivista possono essere numerate:**

- A 30 e 31
- B 50 e 51
- C 63 e 64
- D 96 e 97
- E 15 e 16

49 **Se un elaboratore processa un milione di informazioni al secondo, quanto tempo impiegheranno tre elaboratori a processare novecento milioni di operazioni?**

- A 3 minuti
- B 500 secondi
- C 5 minuti
- D 15 minuti
- E 8 minuti

50 **Quale tra le seguenti alternative nega la proposizione "Non esiste un avvocato che non sappia usare il calcolatore e non conosca la lingua inglese"?**

- A Tutti gli avvocati conoscono l'inglese ma non tutti sanno usare il calcolatore
- B Non esistono avvocati che non conoscono l'inglese
- C Esiste un avvocato che non conosce l'inglese
- D Tutti gli avvocati sanno usare il calcolatore e conoscono la lingua inglese
- E Esiste almeno un avvocato che non sa usare il calcolatore o esiste un avvocato che non conosce la lingua inglese

NONA PROVA

Soluzioni della nona prova

Alpha Test

Risposte esatte della nona prova

Verificare le risposte relative alle domande della prova simulata

	A	B	C	D	E		A	B	C	D	E
1	□	■	□	□	□	26	□	□	□	□	■
2	□	□	■	□	□	27	□	□	■	□	□
3	■	□	□	□	□	28	□	□	□	■	□
4	□	□	□	□	■	29	□	□	□	■	□
5	■	□	□	□	□	30	□	□	□	□	■
6	□	□	□	■	□	31	□	□	□	■	□
7	□	□	□	■	□	32	□	□	□	■	□
8	□	■	□	□	□	33	□	■	□	□	□
9	□	□	□	■	□	34	□	□	□	■	□
10	□	■	□	□	□	35	■	□	□	□	□
11	□	□	□	□	■	36	□	■	□	□	□
12	□	□	□	■	□	37	□	□	□	■	□
13	□	□	■	□	□	38	□	□	□	□	■
14	□	□	□	■	□	39	□	■	□	□	□
15	□	□	□	□	■	40	□	□	□	■	□
16	■	□	□	□	□	41	□	□	■	□	□
17	■	□	□	□	□	42	■	□	□	□	□
18	□	□	□	■	□	43	□	□	□	□	■
19	□	□	■	□	□	44	□	□	■	□	□
20	□	□	■	□	□	45	■	□	□	□	□
21	□	■	□	□	□	46	□	□	□	□	■
22	□	□	□	■	□	47	□	■	□	□	□
23	□	□	□	■	□	48	□	□	□	■	□
24	□	□	■	□	□	49	□	□	■	□	□
25	□	■	□	□	□	50	□	□	□	□	■

Prove di verifica

DECIMA PROVA

Scheda delle risposte

Alpha Test

Scheda per le risposte della decima prova

Contrassegnare le risposte relative alle domande della prova simulata

	A	B	C	D	E		A	B	C	D	E
1						26					
2						27					
3						28					
4						29					
5						30					
6						31					
7						32					
8						33					
9						34					
10						35					
11						36					
12						37					
13						38					
14						39					
15						40					
16						41					
17						42					
18						43					
19						44					
20						45					
21						46					
22						47					
23						48					
24						49					
25						50					

DECIMA PROVA

Tempo a disposizione: 90 minuti – Tempo consigliato: 80 minuti

Comprensione del testo e conoscenze acquisite negli studi

Tempo a disposizione: 15 minuti

Leggere il brano seguente e rispondere alla relativa domanda.

«Il discorso scientifico tende a un linguaggio puramente formale, matematico, basato su una logica astratta, indifferente al proprio contenuto. Il discorso letterario tende a costruire un sistema di valori in cui ogni parola, ogni segno è un valore per il solo fatto di esser stato scelto e fissato sulla pagina. Non ci potrebbe essere nessuna coincidenza tra i due linguaggi, ma ci può essere (proprio per la loro estrema diversità) una sfida, una scommessa tra loro. In qualche situazione è la letteratura che può indirettamente servire da molla propulsiva per lo scienziato: come esempio di coraggio nell'immaginazione, nel portare alle estreme conseguenze un'ipotesi ecc. E così in altre situazioni può avvenire il contrario. In questo momento il modello del linguaggio matematico, della logica formale, può salvare lo scrittore dal logoramento in cui son scadute parole e immagini per il loro falso uso. Con questo lo scrittore non deve però credere d'aver trovato qualcosa di assoluto; anche qui può servirgli l'esempio della scienza: nella paziente modestia di considerare ogni risultato come facente parte di una serie forse infinita d'approssimazioni.»

Italo Calvino, *Due interviste su scienza e letteratura*, in *Una pietra sopra*, 1968

1 Individuate QUALE delle seguenti considerazioni NON È rigorosamente dedotta dal passo citato di Italo Calvino.

- A In campo letterario nessuna conquista, per quanto rilevante, deve essere considerata definitiva e assoluta
- B La logica del discorso scientifico è molto diversa da quella del discorso letterario
- C Il linguaggio scientifico e quello letterario, sostanzialmente diversi, non possono influenzarsi in modo significativo
- D In campo scientifico la ricerca non pretende di raggiungere verità definitive
- E Il modello logico-formale non può trasferirsi integralmente nel linguaggio letterario

2 **«Se i filosofi non governano le città o se quelli che ora chiamiamo re o governanti non coltiveranno davvero e seriamente la filosofia, se il potere politico e la filosofia non coincideranno nelle stesse persone e se la moltitudine di quelli che ora si applicano esclusivamente all'una o all'altra non sarà col massimo rigore impedita dal farlo, è impossibile che cessino i mali delle città e anche quelli del genere umano».**

(*Repubblica*, V, 473 d)

Chi è l'autore della celebre opera citata?

- A Socrate
- B Platone
- C Aristotele
- D Gorgia
- E Pitagora

---

3 **"Questo contributo traccia una prima geografia della memoria e dell'impegno antimafia in Italia attraverso il censimento e l'analisi dei nomi delle strade dedicati ad una o più vittime innocenti della violenza mafiosa. A partire dall'inventario "Vivi!" redatto dall'associazione Libera, l'articolo illustra i risultati iniziali di un più ampio lavoro di ricerca che, in assenza di un archivio odonomastico nazionale ufficiale e liberamente consultabile, si basa sulle principali fonti disponibili in internet integrando con tecniche di geocoding: l'Archivio Nazionale degli Stradari Comunali, Open Street Map (completato da funzioni di Geofabrik), Api Bing Maps e, marginalmente, i dati di Googlemaps e di altre fonti."**

(Giuseppe Muti, Gianluigi Salvucci, Odonomastica e vittime innocenti: geografia della memoria antimafia, "Cross" Vol. 6 N.1 (2020) - DOI: http://dx.doi.org/10.13130/cross-13615)

Qual e` l'obiettivo principale della ricerca di cui parla il testo?

- A Confrontare con l'inventario "Vivi!" i dati odonomastici forniti da fonti del Web
- B Ricavare dalla toponomastica tracce della lotta antimafia
- C Completare l'inventario dei nomi di strada per arricchire l'archivio nazionale
- D Ricostruire la storia della lotta antimafia nelle regioni italiane
- E Disegnare la mappa della presenza mafiosa nelle città italiane

---

4 **Quale famoso matematico inglese collaborò nella Seconda Guerra mondiale con l'esercito britannico per decifrare i codici nazisti?**

- A John E. Littlewood
- B Bertrand A. W. Russell
- C Godfrey H. Hardy
- D Alan M. Turing
- E Harold Jeffreys

---

5 **Completare correttamente la frase seguente scegliendo la sola coppia di parole che dà luogo a due definizioni scientifiche accettabili.**

La ______________________ è la parte della fisica che studia il movimento dei corpi; la ______________________ studia le cause di tali movimenti.

- A cinematica / dinamica
- B dinamica / dinamometria
- C termologia / termodinamica
- D meccanica / biologia
- E statica / cinematica

6 **Livorno, 15 gennaio 1921: si apre nel Teatro Goldoni il diciassettesimo congresso del Partito socialista italiano. Si concluderà pochi giorni dopo con la scissione e la nascita del Partito comunista d'Italia, nel vicino Teatro San Marco. È la rottura che ha segnato la storia della sinistra italiana. Ezio Mauro rivive in ogni particolare quelle giornate nelle pagine del suo nuovo libro "La dannazione. 1921. La sinistra divisa all'alba del xxx" (Feltrinelli) e analizza la diffusione delle idee socialiste e comuniste nel nostro Paese, attraverso le storie dei protagonisti, da Turati a xxx. "Come si è arrivati a quel congresso? E che cosa è successo davvero in quei giorni? Come sempre la storia di ieri ci parla di oggi, e la si rivisita per cercare di capirne gli errori e trarre delle lezioni. Questa "dannazione" avviluppa la storia della sinistra italiana dividendola, e le impedisce di vedere cosa succede attorno a lei".**
Quale coppia di termini completa correttamente le lacune del testo?

- A liberalismo; Mussolini
- B fascismo; Gramsci
- C comunismo; Croce
- D fascismo; Giolitti
- E liberticidio; Pio XI

7 **Quale tra i seguenti Paesi europei NON riconosce il Cristianesimo come propria religione di Stato?**

- A Inghilterra
- B Spagna
- C Malta
- D Grecia
- E Danimarca

DECIMA PROVA

Biologia

Tempo a disposizione: 25 minuti

---

8 Quale è la caratteristica fondamentale dei retrovirus?

- A Avere un genoma costituito da DNA
- B Non possedere trascriptasi inversa
- C Essere dotati di flagelli per il movimento
- D Avere un genoma costituito da RNA
- E Non essere in grado di infettare le cellule animali

---

9 Un recipiente è diviso in due scomparti da una membrana semipermeabile simile a quella cellulare. Tale membrana separa una soluzione di NaCl al 10% da una soluzione di KCl al 5%. Si può osservare che:

- A non si ha alcuna variazione del livello dell'acqua nei due scomparti
- B il flusso d'acqua si muove dalla soluzione al 5% verso quella al 10%
- C il flusso d'acqua si muove dalla soluzione al 10% verso quella al 5%
- D diminuisce il livello d'acqua nella soluzione al 10%
- E il cloruro di potassio va verso la soluzione al 10%

---

10 Idrolizzando molecole di lattosio si ottengono:

- A glucosio e fruttosio
- B saccarosio e galattosio
- C solo glucosio
- D glucosio e galattosio
- E solo galattosio

---

11 Quale struttura anatomica NON è presente in un essere umano di sesso maschile?

- A Uretere
- B Vescica
- C Uretra
- D Tuba di Falloppio
- E Nessuna delle altre alternative è corretta

---

12 Un albino è una persona che non ha pigmenti nella pelle. Il carattere è dovuto alla presenza dell'allele recessivo *a*. Un maschio di colorito normale, figlio di genitori e nonni normali, sposa una donna normale con un genitore albino. Se si escludono mutazioni, qual è la probabilità che il loro primo figlio sia albino?

- A 25%
- B Nulla
- C 50%
- D 75%
- E 100%

13 **Indicando con C il contenuto in DNA di un gamete, una cellula somatica in metafase ha un contenuto in DNA pari a:**

A C
B 2 C
C 3 C
D 0,5 C
E 4 C

14 **Nell'albero genealogico di una famiglia si sono verificati casi di una malattia genetica recessiva, non legata al sesso. Si può escludere che nasca un bambino affetto da tale malattia:**

A se entrambi i genitori non manifestano la malattia
B se entrambi i genitori sono eterozigoti
C se uno degli zii del nascituro è sano
D se i nonni del nascituro erano sani
E se un genitore è omozigote dominante

15 **Le cellule interstiziali (o di Leydig) sono disseminate nel tessuto connettivo compreso tra i tubuli seminiferi dei testicoli. Esse sono preposte a:**

A dividersi per mitosi generando gli spermatogoni
B dividersi per meiosi generando gli spermatociti
C provvedere al sostegno e alla nutrizione delle future cellule sessuali
D secernere il testosterone, l'ormone sessuale maschile
E trasportare gli spermatozoi verso il dotto deferente

16 **Quale/i dei seguenti tipi cellulari è/sono assente/i nel sangue?**

1. Monociti
2. Fibrociti
3. Linfociti
4. Condrociti

A Solo 1 e 2 B Solo 4 C Solo 2 e 4 D Solo 2 e 3 E Solo 1

17 **Quale/i delle sostanze elencate di seguito contiene/contengono fosforo?**

1. DNA
2. Acido citrico
3. NADH
4. RNA

A Solo 1, 3 e 4
B Tutte
C Solo 1, 2 e 3
D Solo 2 e 4
E Solo 1, e 4

18 **L'elettroforesi su gel è una tecnica comunemente utilizzata per l'analisi del DNA. Quale delle seguenti affermazioni relative a questa tecnica è corretta?**

A Permette di identificare le sequenze dei frammenti di DNA analizzati
B Richiede l'utilizzo di nucleotidi marcati con fluorocromi
C Permette di amplificare frammenti di DNA
D Fa migrare i frammenti di dimensioni maggiori più velocemente
E Permette di separare frammenti di DNA in base alle loro dimensioni

19 La figura rappresenta schematicamente il tRNA. A cosa corrisponde la porzione indicata con la lettera V?

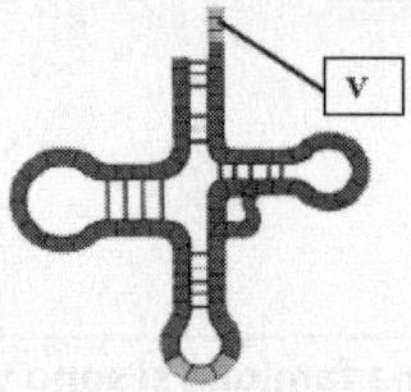

A) A un codone dell'RNA
B) A un anticodone
C) A un amminoacido
D) Al sito in cui si lega l'amminoacido
E) Al sito in cui tRNA si lega al ribosoma

20 Una struttura si dice "vestigiale" quando:

A) ha un incerto significato biologico
B) riveste una grande importanza
C) ha perso la funzionalità che aveva in un antenato o nell'embrione
D) non esiste più ma se ne hanno testimonianze fossili
E) serve da rivestimento per una struttura più piccola

21 La fonte principale della variabilità genetica nelle popolazioni umane è:

A) la mutazione
B) la selezione
C) la migrazione
D) la riproduzione sessuata
E) l'ambiente

22 Il sequenziamento del DNA secondo il metodo Sanger prevede l'allestimento di una miscela di reazione nella quale, oltre al DNA, devono essere presenti altri componenti; quale tra quelli elencati NON è un componente necessario per la reazione?

A) Deossiribonucleotidi trifosfato
B) Dideossiribonucleotidi trifosfato marcati
C) DNA polimerasi
D) Primer
E) DNA ligasi

DECIMA PROVA

Chimica e fisica

Tempo a disposizione: 25 minuti

23 Si pensa che la vitamina C protegga lo stomaco umano dall'insorgere di tumori perché reagisce con gli ioni nitrito e li converte in ossido di azoto ($NO_2^- \rightarrow NO$). Ciò significa che avviene una reazione nella quale:

- A lo ione nitrito e la vitamina si riducono
- B lo ione nitrito si ossida e la vitamina si riduce
- C lo ione nitrito e la vitamina si ossidano
- D lo ione nitrito si riduce e la vitamina si ossida
- E lo ione nitrito libera O_2 che entra nella catena respiratoria

24 Quale dei seguenti composti reagisce con acqua per formare un acido ossigenato?

- A Cl_2O_3
- B NH_3
- C Al_2O_3
- D KOH
- E Na_2O

25 Quale tra le seguenti molecole può formare legami idrogeno con l'acqua?

- A CH_4
- B NaCl
- C CH_3OH
- D HCl
- E $CH_3–CH_3$

26 L'ozono:

- A è costituito da molecole monoatomiche
- B è un isotopo dell'ossigeno
- C è costituito da molecole più leggere rispetto a quelle del diossigeno
- D è ossigeno carico positivamente
- E è costituito da molecole più pesanti rispetto a quelle del diossigeno

27 Secondo il principio di Le Châtelier:

- A una reazione endotermica viene favorita da un aumento di concentrazione dei prodotti
- B l'aggiunta di un reagente riduce la quantità di prodotti all'equilibrio
- C una reazione endotermica viene favorita da un aumento di temperatura
- D una reazione che procede con aumento del numero di moli viene favorita da un aumento di pressione
- E l'aggiunta di un catalizzatore aumenta la quantità di prodotti all'equilibrio

28 **Quanto idrossido di potassio è presente in 25 cm^3 di una soluzione di idrossido di potassio 1,5 M?**

[Si assuma massa atomica relativa: H = 1; O = 16; K = 39]

A 2,1 g
B 2,7 g
C 1,7 g
D 3,3 g
E 3,7 g

29 **In quale/i dei seguenti composti tutti gli atomi di carbonio hanno ibridazione sp^2?**

1. Benzene
2. Butano
3. Dimetil-ammina
4. Cicloesene

A Solo 1
B Solo 4
C Solo 1e 3
D Solo 2 e 4
E Solo 1, 3 e 4

30 **La riduzione di un'aldeide produce:**

A un'ammina
B un acido carbossilico
C un alcol primario
D un alcol secondario
E acqua

31 **Osservando un oggetto perfettamente immobile in galleggiamento nel mare, che cosa si può dire delle forze che agiscono su di esso?**

A Agiscono solo le forze convettive delle correnti marine che lo tengono sollevato dal fondo
B La forza peso non agisce in mare
C La forza di Archimede risulta maggiore di tutte le altre forze
D Agiscono più forze, ma la loro risultante è nulla
E Non agisce alcuna forza

32 **Qual è l'unità di misura della costante G nella legge di gravitazione universale $F = G \cdot \frac{m_1 m_2}{r^2}$?**

A $m^2\ kg^{-1}$
B $N\ m^2\ kg^{-2}$
C $kg\ m^{-2}$
D $N\ m^{-2}\ kg^2$
E $kg^3\ m^{-2}$

DECIMA PROVA

33 **Un circuito elettrico è costituito da tre resistenze collegate in parallelo. Le prime due hanno un valore di 20 e 40 ohm rispettivamente, mentre il valore resistivo della terza è ignoto. Misurando la resistenza totale del circuito si ricava un valore di 12 ohm. Qual è il valore più probabile della terza resistenza?**

A 32 ohm
B 48 ohm
C 72 ohm
D 120 ohm
E 240 ohm

34 **Un sasso lasciato cadere da 20 cm di altezza produce sulla sabbia una buca di profondità 3 mm. Se lo stesso sasso viene lasciato da un'altezza doppia produrrà una buca profonda (circa):**

A 2 mm
B 6 mm
C 12 mm
D 1 cm
E dipende dalla massa del sasso

35 **Quale delle seguenti affermazioni è vera in merito al campo magnetico prodotto da una corrente che percorre un lungo filo rettilineo?**

A Il campo è uniforme
B L'intensità del campo aumenta all'aumentare della distanza dal filo
C Le linee di forza del campo sono parallele al filo, ma opposte alla direzione della corrente
D Le linee di forza del campo sono dirette radialmente verso l'esterno rispetto al filo
E Le linee di forza del campo sono delle circonferenze con centro sul filo

36 **Spostate una piccola carica elettrica $+q$ da una faccia all'altra di un condensatore C. La differenza di potenziale ai capi del condensatore è V. Quanto lavoro (in valore assoluto) costa spostare la carica $+q$?**

A $C \cdot V$
B q/V
C $q \cdot C$
D $q \cdot V$
E $C \cdot V^2$

37 **Viene eseguito un esperimento per misurare il calore specifico del rame. Un pezzo di rame viene scaldato nel forno e poi lasciato cadere in un bicchiere d'acqua.**

Per calcolare il calore specifico del rame, lo sperimentatore deve conoscere o misurare il valore di tutte le seguenti grandezze, tranne una: quale?

A La massa dell'acqua
B Le temperature iniziali del rame e dell'acqua
C La temperatura finale (di equilibrio) del rame e dell'acqua
D Il tempo impiegato per raggiungere l'equilibrio termico dopo che il rame è caduto nell'acqua
E Il calore specifico dell'acqua

Matematica e ragionamento

Tempo a disposizione: 25 minuti

38 **Se una grandezza *x* è direttamente proporzionale al quadrato di una grandezza *y*, e *y* è inversamente proporzionale a una grandezza *z*, allora:**

- A la relazione tra *x* e *y* è diversa da quelle indicate nelle altre risposte
- B *x* è inversamente proporzionale a *z*
- C *x* è direttamente proporzionale al quadrato di *z*
- D *x* è direttamente proporzionale a *z*
- E *x* è inversamente proporzionale al quadrato di *z*

39 **La media aritmetica di cinque numeri è 14. Se la media aritmetica dei primi due è 20, allora la media aritmetica degli altri tre è:**

- A 8
- B 9
- C 10
- D 12
- E 14

40 **Tre amici ricevono complessivamente € 36 da suddividere tra di loro nelle seguenti proporzioni 2:3:7. Qual è la differenza tra l'ammontare più grande e quello più piccolo ricevuto dai tre amici?**

- A € 3
- B € 6
- C € 9
- D € 12
- E € 15

41 **Qual è l'insieme dei valori di *x* per cui $12 - x^2 > 8$ e $2x + 3 \geq 5$?**

- A $1 \leq x$
- B $2 < x$
- C $1 < x \leq 2$
- D $1 \leq x < 2$
- E $-1 \leq x < 2$

42 **La retta *r* passa per (–2; 0) e (0; *a*), mentre la retta *s* passa per (4; 0) e (6; 2). Per quale dei seguenti valori di *a* le rette *r* e *s* sono parallele?**

- A 1/2
- B –2
- C 2
- D –1/2
- E 0

43 **Cosa si può affermare riguardo al perimetro di un quadrato di area minore di 81 m^2 ?**

A È sempre minore di 36 m
B È minore o uguale a 36 m
C È uguale a 36 m
D È maggiore o uguale a 36 m
E È maggiore di 36 m

44 **Nell'immagine seguente il quadrato ha lato pari a 2 cm.**

L'area della figura colorata è pari a:

A $2(\pi - 2)$ cm^2
B 2π cm^2
C $(4 - \pi)$ cm^2
D $\pi/2$ cm^2
E 4 cm^2

45 **Un'amaca costa 100 euro se acquistata a prezzo intero e viene scontata del 10% se acquistata insieme a una tenda che costa tre volte il prezzo dell'amaca (non scontato). Quanto spende chi, approfittando dell'offerta, acquista sia la tenda sia l'amaca?**

A 390 euro
B 400 euro
C 360 euro
D 440 euro
E 660 euro

46 **L'azienda Epsilon produce cappelli e guanti. Nel 1995 ha esportato complessivamente 15.000 pezzi, di cui il 20% in Europa. Sapendo che il 70% dei pezzi esportati al di fuori dell'Europa è costituito da cappelli, calcolare il numero di guanti esportati al di fuori dell'Europa nel 1995.**

A 900
B 3.600
C 2.100
D 8.400
E 7.700

47 **Se:**

@ + # – @ = @ – 4

 # = –20

allora @ è uguale a:

A –16 B –10 C –5 D 10 E 16

DECIMA PROVA

48 **Nel club "Amici della Lirica" di cui Alice è la nuova presidente, ogni socio ha diritto di voto. Alice ha avuto il triplo dei voti dell'altro candidato alla carica ed è stata eletta con il 66% esatto dei voti degli aventi diritto. Sapendo che 18 soci non hanno votato e che non vi sono state schede bianche o nulle, qual è il numero degli iscritti al club?**

A 132
B 150
C 114
D 166
E 128

49 **Uno studente, per andare dalla propria abitazione all'università, percorre 1/5 del tragitto a piedi, 2/3 in autobus e i rimanenti 8 chilometri in bicicletta. Qual è la distanza, espressa in chilometri, tra l'abitazione dello studente e l'università?**

A 90
B 120
C 30
D 45
E 60

50 **Se è vero che «l'erba del vicino è sempre più verde», allora è necessariamente vera anche una delle affermazioni seguenti. Quale?**

A Il vicino usa un fertilizzante migliore
B Non esiste un vicino che non abbia l'erba più verde
C Il vicino innaffia moltissimo il suo giardino
D Deve esistere almeno un vicino che ha l'erba meno verde della mia
E Nessun vicino ha l'erba alta in giardino

DECIMA PROVA